Sally Ann Wright
und Graham Round

Kinderbibel

Kinderbibel
zum Raten, Malen und Mitmachen

Nacherzählt von Sally Ann Wright
Illustrationen von Graham Round

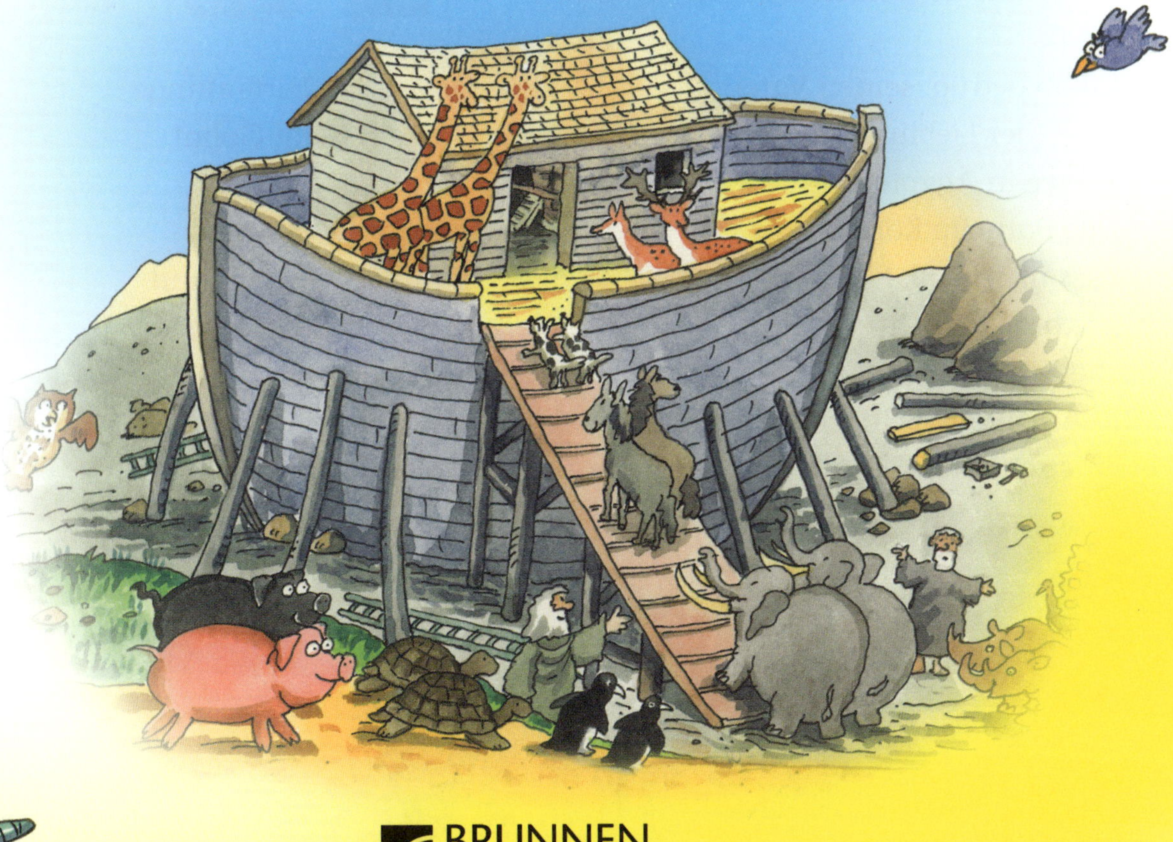

Verlag GmbH · Giessen

Inhalt

Das Alte Testament

Gott erschafft die Welt	8
Alles geht schief	12
Noahs Arche	16
Gerettet!	20
Abraham zieht nach Kanaan	24
Isaak	28
Jakob betrügt seinen Vater	32
Josef, der Liebling	36
Sklave in Ägypten	40
Das Baby im Korb	44
Lass mein Volk frei!	48
Die große Flucht	52
Die Zehn Gebote	56
Josua und die Schlacht von Jericho	60
Eine schlaflose Nacht	64
David, der Hirtenjunge	68
David besiegt Goliat	72
Gott sorgt für Elia	76
Feuer vom Himmel	80
Naaman wird gesund	84
Daniel bei den Löwen	88
Jona läuft weg	92
Lösungen zu den Rätseln	97

Das Neue Testament

Ein Engel bei Maria	102
Engel bei den Hirten	106
Drei weise Männer	110
Vier Fischer	114
Jesus besucht Matthäus	118
Der Mann auf der Matte	122
Jesus und seine Freunde	126
Zwei Baumeister	130
Jesus stillt den Sturm	134
Begegnung in Simons Haus	138
Wieder lebendig!	142
Fünf Brote und zwei Fische	146
Einer hilft	150
Das verlorene Schaf	154
Jesus heilt einen Blinden	158
Der Mann auf dem Baum	162
Jesus in Jerusalem	166
Jesus stirbt am Kreuz	170
Jesus lebt!	174
Thomas will Beweise	178
Frühstück am Strand	182
Himmelfahrt	186
Gute Nachricht	190
Ein Gelähmter wird gesund	194
Aus Saulus wird Paulus	198
Philippus und der Finanzminister	202
Petrus trifft Cornelius	206
Flucht aus dem Gefängnis	210
Schiffbruch	214
Alles wird neu	218
Lösungen zu den Rätseln	222

Das Alte Testament

Gott erschafft die Welt
Genesis 1,1-31

Am Anfang gab es nichts. Die Welt war dunkel, kalt und leer.

Da sagte Gott: „Es soll hell werden!"

Licht schien durch die Dunkelheit, und das gefiel Gott.

Danach machte Gott den Tag und die Nacht, um die Dunkelheit vom Licht zu trennen.

Gott schuf den Himmel über der Erde. Er schuf gewaltige Berge, sanfte Hügel, weite Täler und das tiefe, blaue Meer.

Gott erschuf auch die Pflanzen: bunte Blumen und kräftige Bäume, die saftige Früchte trugen. Und Gott ließ Getreide wachsen.

An den Himmel setzte er Sterne und Planeten, die glühend heiße Sonne und den silbernen Mond.

Aber das war Gott noch lange nicht

genug. Er ließ im Meer Fische schwimmen und schuf die vielen anderen Meerestiere. Den Himmel füllte er mit Vögeln, die fröhlich zwitscherten und sangen. Und auf dem Land ließ er die verschiedensten Tiere laufen, hüpfen, schleichen und trippeln.

Gott freute sich über alles, was er gemacht hatte, denn es war gut.

„Nun will ich Menschen machen", beschloss Gott. „Sie sollen auf meine schöne Welt aufpassen und sich an Tieren und Früchten freuen."

So schuf Gott den ersten Mann, Adam: Er nahm Erde, formte daraus den Körper und hauchte ihm seinen Atem ein. Dann schuf Gott für Adam eine Gefährtin. Sie hieß Eva.

Gott wollte, dass die Menschen glücklich in seiner Welt lebten, denn er liebte sie sehr. Er legte einen wunderschönen Garten für sie an: den Garten Eden.

Gott betrachtete, was er gemacht hatte, und er freute sich über seine Schöpfung. Es war eine sehr gute Welt.

Finde die Unterschiede

Die beiden Bilder sehen gleich aus, aber es stecken zehn Fehler darin. Kreise sie ein.

Malen nach Zahlen

Male den Schmetterling mit den unten angegebenen Farben aus.

1 orange   2 rot   3 graubraun   4 blau   5 gelb

Alles geht schief
Genesis 2,8 – 3,24

Adam und Eva waren sehr glücklich im Garten Eden.

Sie gaben den Tieren Namen und sorgten für sie. Adam und Eva durften auch von den vielen leckeren Früchten essen, die im Garten wuchsen. Nur einen Baum sollten sie nicht anrühren. Er war groß und stand mitten im Garten. Gott sagte: „Dies ist der Baum, der es möglich macht, zwischen Gut und Böse zu unterscheiden. Rührt ihn nicht an, denn sonst ist alles verloren."

Eines Tages schlich sich eine Schlange an Eva heran. Die Schlange konnte Gott nicht leiden und sie mochte auch seinen schönen Garten Eden nicht. Deshalb wollte sie alles zerstören, was Gott geschaffen hatte. So flüsterte sie Eva ins Ohr: „Hast du die herrlichen Früchte an diesem Baum gesehen? Warum probierst du sie nicht?"

Eva schaute die saftigen Früchte an. Sie sahen sehr verlockend aus. Schließlich ließ sie sich überreden, eine davon abzupflücken. Eva biss kräftig hinein und gab auch Adam davon ab.

Sofort merkten die beiden, dass sie einen großen Fehler gemacht hatten. Gott hatte ihnen alles geschenkt – nur eines hatte er ihnen verboten. Und ausgerechnet das hatten sie unbedingt haben wollen!

Nun war alles verdorben.

Adam und Eva erkannten zum ersten Mal, dass sie nackt waren. Schnell machten sie sich Kleider aus Feigenblättern.

Als Gott am Abend zu ihnen in den Garten kam, rief er: „Wo seid ihr?"

Aber Adam und Eva fürchteten sich vor Gott, denn sie wussten, dass sie ihm nicht gehorcht hatten. Und dann schoben sie sich gegenseitig die Schuld in die Schuhe.

Darüber war Gott sehr traurig.

„Weil ihr mir nicht geglaubt habt, könnt ihr nicht länger in meinem Garten wohnen. Ihr dürft nicht mehr mit mir zusammen sein", sagte Gott.

Adam und Eva verließen den Garten Eden. Traurig gingen sie davon, denn sie wussten: Es gab kein Zurück.

Gemischtes Obst

Male alle Flächen aus, die einen Punkt haben. Es bleiben einige weiße Felder übrig. Welche Früchte erkennst du? Male sie aus und schreibe in die weißen Kästchen rechts, wie sie heißen.

Suchen und zählen

Wie viele Frösche, Hasen, Mäuse und blaue Blumen findest du in diesem Bild vom Garten Eden?

Schreibe die Zahlen in die Kästchen.

Noahs Arche
Genesis 6,9 – 7,24

Gott war traurig. Seine wunderschöne Welt ging immer weiter kaputt. Die Menschen zerstörten sie und taten einander weh.

Nur ein Mann hielt noch zu Gott. Er hieß Noah. Mit seiner Frau hatte er drei Söhne: Ham, Sem und Jafet.

Gott sagte zu Noah: „Eine Flut soll die Welt überschwemmen. Aber dich und deine Familie werde ich beschützen. Baue ein großes Schiff aus Holz. Es soll drei Decks haben und eine große Tür an der Seite. Deine Familie und mindestens ein Paar von jeder Tierart sollen darin Platz finden. Wenn du die Arche fertig hast, musst du sie mit Pech bestreichen, damit sie wasserdicht ist."

Noah machte alles genau so, wie Gott es ihm aufgetragen hatte.

Als er die Arche fertig gebaut hatte, war Noah sechshundert Jahre alt.

Er ging mit seiner Familie in die Arche und sie nahmen von jeder

Tierart ein Pärchen mit. Dann schloss Gott selbst die Tür hinter ihnen.

Sofort begann es zu regnen, Tag für Tag und Nacht für Nacht. Bald war das ganze Land von Wasser bedeckt, doch die Arche schwamm sicher auf den Fluten.

„Wir brauchen uns nicht zu fürchten", sagte Noah. „Gott passt auf uns auf."

Kennst du diese Tiere?

Schreibe ihre Namen in die weißen Kästchen.

18

Wortsalat

Die Namen der Tiere auf den Bildern sind im Buchstabengitter versteckt.
Kreise sie mit einem Stift ein.

Gerettet!
Genesis 8,1 – 9,17

Es regnete ohne Unterbrechung. Aus den Pfützen wurden Bäche und aus den Bächen Flüsse. Aus den Flüssen wurden große Seen und Meere – bis kein Land mehr zu sehen war. Die ganze Erde stand unter Wasser.

Gut, dass Noah, seine Familie und die Tiere sicher in der Arche aufgehoben waren. Sie hatten auch genug zu essen an Bord.

„Wann hört denn der Regen endlich auf?", fragte Ham. „Das kann doch nicht immer so weitergehen!"

Erst nach vierzig Tagen und Nächten wurde es still. Kein einziger Regentropfen trommelte mehr auf das Dach der Arche. Gott ließ einen starken Wind wehen und das Wasser sank.

Schließlich gab es einen Ruck und die Arche setzte auf einem Berggipfel auf. Doch weit und breit war noch kein Land zu sehen.

Noah ließ einen Raben frei. Aber er kam nicht zurück. Dann ließ Noah eine Taube frei. Sie konnte kein trockenes Land finden und kehrte zur Arche zurück.

Nach einer Woche ließ Noah die Taube noch einmal frei. Und dieses Mal kehrte sie mit einem Olivenzweig im Schnabel zur Arche zurück. Sie hatte einen Baum gefunden!

Bald darauf sprach Gott: „Es wird Zeit, dass du mit deiner Familie und den Tieren aus der Arche kommst, Noah. Suche dir ein neues Zuhause. Vermehrt euch und füllt die Erde mit neuem Leben!"

Dann malte Gott einen wunderschönen bunten Regenbogen an den Himmel.

„Der Regenbogen zeigt euch, dass nach jedem Regen wieder die Sonne scheinen wird. Er ist ein Zeichen für mein Versprechen, dass ich nie wieder eine Sintflut schicken werde", sagte Gott.

Noah und seine Familie dankten Gott, weil er sie alle beschützt hatte.

Labyrinth

Die beiden Elefanten haben die Arche verlassen.
Aber wie finden sie wieder zueinander?

Start

Was gehört zusammen?

Welcher Kopf passt zu welchem Po?
Verbinde die passenden Teile mit einer Linie.

Wie viele Tiere bekommst du zusammen?

23

Abraham zieht nach Kanaan
Genesis 12,1-8

Viele, viele Jahre später hatten sich die Menschen über die Erde ausgebreitet. Abraham war einer von ihnen. Eines Tages sagte Gott zu ihm: „Du sollst aus deinem Zuhause fortgehen und in einem anderen Land leben. Ich werde dir den Weg dorthin zeigen. Unterwegs wird dir nichts geschehen, denn ich beschütze dich. Und ich verspreche dir: Aus deiner Familie soll einmal ein großes Volk werden."

Abraham vertraute Gott. Er nahm seine Frau Sara, seinen Neffen Lot und alle seine Diener, Schafe und Ziegen mit auf die Reise in das Land, das Gott ihm versprochen hatte.

Tagsüber waren sie unterwegs, nachts schliefen sie in Zelten. Und Gott zeigte ihnen den Weg.

Endlich kamen sie nach Kanaan. Dort war es wunderschön; der Boden war fruchtbar und es gab saftige Weiden für die Schafe und Ziegen. „Dieses Land will ich euch schenken", sagte Gott.

Abraham baute einen Altar und dankte Gott für das schöne Land. Dann zog er mit seiner Familie nach Bethel. Dort bauten sie ihre Zelte auf.

Wer ist der Größte?

Abraham hatte viele Schafe in seiner Herde. Welches Schaf ist am größten? Schreibe ein **G** in den entsprechenden Kreis. Das kleinste Schaf bekommt ein **K**.

Wie viele Schafe zählst du? Schreibe die Zahl ins Kästchen.

Abraham und Sara

Male die Kleider von Abraham und Sara bunt aus.

Isaak

Genesis 15,4.5; 17,4-16; 18,1-15; 21,1-3

Abraham glaubte fest, dass Gott sein Versprechen halten würde, aus seiner Familie ein großes Volk zu machen. Aber Sara und er waren schon so alt und sie hatten noch immer keine Kinder.

Da sprach Gott zu Abraham: „Schau dir die vielen Sterne am Himmel an! Eines Tages wirst du so viele Nachkommen haben, wie Sterne am Himmel stehen."

Einige Zeit später saß Abraham vor seinem Zelt, als er drei Fremde auf sich zukommen sah.

„Ruht euch ein wenig aus und trinkt etwas", lud er sie ein. „Meine Frau wird euch etwas zu essen machen."

Dann lief er ins Zelt zu Sara und sagte: „Mach schnell, wir haben Gäste. Back uns frisches Brot."

Danach suchte Abraham das beste Kälbchen seiner Herde aus und ließ es von einem Diener zubereiten. Als alles fertig war, bediente Abraham selbst die drei Männer.

„Wo ist deine Frau Sara?", fragte einer von ihnen.

„Sie ist im Zelt", antwortete Abraham.

„Wir kommen bald wieder und dann wird deine Frau ein Baby zur Welt gebracht haben", sagte der Fremde.

Sara hatte gelauscht und kicherte. Das war doch lächerlich! Sie war viel zu alt, um noch schwanger zu werden!

Da sagte Gott zu Abraham: „Für Gott ist nichts unmöglich. Sara wird wirklich einen Sohn bekommen!"

Und so war es: Neun Monate später brachte Sara einen Jungen zur Welt. Er hieß Isaak, das bedeutet „Lachen".

Isaak machte seinen Eltern viel Freude. Als er erwachsen war, heiratete er Rebekka. Die beiden bekamen Zwillinge: Jakob und Esau. Abraham wurde Opa! Gott hatte sein Versprechen gehalten.

Was passt genau?

Welches dieser vier Bilder sieht ganz genauso aus wie das große Bild von Sara und Isaak?
Male ein Kreuz in das richtige Kästchen.

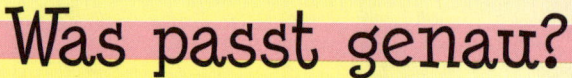

1   2   3   4

Zähl doch mal!

Wie viele verschiedene Tierarten findest du auf dem Bild?

Sternenhimmel

Wie viele Sterne zählst du am Nachthimmel?

Umkreise den Stern, dessen Form sich von den anderen unterscheidet.

Jakob betrügt seinen Vater
Genesis 25,21-34; 27,1-45

Als Abrahams Sohn Isaak erwachsen war, heiratete er Rebekka. Sie bekamen Zwillinge: Esau und Jakob. Das waren zwei ganz spezielle Typen. Schon im Mutterleib kämpften sie miteinander.

Esau kam zuerst auf die Welt. Er war am ganzen Körper mit rötlichen Haaren bedeckt. Dann kam Jakob. Er hielt bei seiner Geburt Esau an der Ferse fest.

Die Jungen wuchsen heran. Esau ging gern auf die Jagd und streifte draußen herum. Jakob dagegen war ruhig und hielt sich gern zu Hause bei den Zelten in der Nähe seiner Mutter auf.

Esau war der Liebling seines Vaters. Eines Tages würde Isaak ihm seinen speziellen Segen und seinen Besitz geben.

Eines Tages kam Esau hungrig und erschöpft von der Jagd nach Hause. Jakob kochte gerade einen Eintopf.

„Ich würde alles für einen Teller von deiner Suppe geben!", sagte Esau.

Das brachte Jakob auf eine Idee: „Du kannst Suppe haben, wenn du mir dafür Vaters Segen gibst, den du als Erstgeborener bekommen sollst", antwortete er hastig.

„Alles was du willst, solange du mir etwas zu essen gibst!", seufzte Esau.

Als Isaak schon alt und fast blind war, ließ er Esau zu sich kommen.

„Ich werde bald sterben", sagte Isaak. „Geh noch einmal für mich auf die Jagd und bereite mir meinen Lieblingsbraten zu. Dann will ich dir meinen Segen und dein Erbe geben."

Rebekka hatte gelauscht. Sie handelte blitzschnell und bereitete einen Braten für Isaak zu. Dann befahl sie Jakob, sich als Esau zu verkleiden. Sie band sogar Ziegenfelle um Jakobs Arme, damit er sich so behaart anfühlte wie sein Bruder.

Jakob brachte seinem Vater das Essen und Isaak segnete ihn.

Kurz darauf kam Esau von der Jagd zurück. Als er seinem Vater seinen Wildbraten bringen wollte, fragte Isaak: „Wer bist du?" Verwundert antwortete Esau: „Dein Sohn Esau."

„Jakob hat mich getäuscht!", erkannte Isaak sofort. „Ich hielt ihn für dich, Esau, und habe ihn gesegnet."

Da floh Jakob zu seinem Onkel Laban, weit, weit weg von seinem wütenden Bruder Esau.

Da stimmt was nicht!

Die beiden Bilder von Esau unterscheiden sich in sechs Einzelheiten. Kreuze die Fehler an.

Buchstabensalat

Wie heißt Esaus Bruder?

JOBAK

___ ___ ___ ___ ___

Josef, der Liebling
Genesis 37,1-11

Jakob heiratete und wurde stolzer Vater von zwölf Söhnen und einer Tochter. Außerdem war er reich geworden: Er besaß große Schaf- und Ziegenherden.

Jakob hatte alle seine Kinder lieb, aber Josef war sein Liebling. Darüber freute sich Josef, doch seine Brüder wurden wütend.

Eines Tages schenkte Jakob Josef einen besonders schönen Mantel. Josef zog ihn an und stolzierte damit vor den Augen seiner Brüder herum. Da wurden seine Brüder noch neidischer. „Wo sind unsere Mäntel?", riefen sie wütend. „Warum liebt unser Vater Josef mehr als uns?"

Josef hatte oft sonderbare Träume, die er seinen Brüdern erzählte. Eines Morgens sagte er zu ihnen: „Letzte Nacht habe ich geträumt, dass wir alle bei der Getreideernte waren. Wir banden unsere Garben und plötzlich stellten sich eure Garben in einem Kreis um meine Garbe herum und beugten sich vor ihr nieder."

„Was bildest du dir eigentlich ein?", riefen Josefs Brüder aufgebracht. „Willst du damit sagen, dass wir uns vor dir verbeugen sollten?"

Kurz darauf erzählte Josef ihnen wieder einen Traum: „Ich habe von der Sonne, dem Mond und elf Sternen geträumt. Sie alle haben sich vor mir verbeugt."

„Jetzt reicht es aber!", riefen seine Brüder entsetzt. „Für wen hältst du dich? Meinst du wirklich, die ganze Familie würde sich vor dir niederbeugen?"

Die Brüder hassten Josef so sehr, dass sie ihn loswerden wollten. Es galt nur noch einen günstigen Moment abzuwarten.

Der bunte Mantel

Josefs Mantel war wunderschön bunt. Male ihn aus.

Schafe hüten

1. Wie viele von Josefs Brüdern siehst du?

2. Wie viele von ihnen tragen einen Hirtenstab?

3. Wie viele Schafe kannst du zählen?

4. Wie viele Ziegen findest du auf diesem Bild?

Sklave in Ägypten
Genesis 37,12-36; 39,1 – 46,30

Die Brüder wollten Josef ein für alle Mal loswerden. Sie hatten endgültig genug von diesem Angeber!

Eines Tages, als sie weit entfernt die Schafe ihres Vaters hüteten, sahen sie Josef kommen. Die Brüder erkannten ihn schon von Weitem an seinem bunten Mantel. „Da kommt ja unser Träumer!", raunten sie einander zu. „Töten wir ihn doch gleich und werfen ihn in den leeren Brunnen da. Unserem Vater erzählen wir, ein wildes Tier hätte ihn gefressen."

Aber Ruben, der Älteste, wollte nicht mitmachen. „Wir müssen ihn doch nicht gleich umbringen", sagte er. „Lasst ihn uns einfach in den Brunnen werfen."

Später wollte er Josef heimlich wieder befreien.

Als Josef seine Brüder erreichte, packten sie ihn, rissen ihm den Mantel vom Leib und warfen ihn in den ausgetrockneten Brunnen.

„Hilfe!", schrie Josef. „Was habt ihr mit mir vor?"

Die Brüder gaben ihm keine Antwort. Sie setzten sich hin und aßen zu Mittag.

Kurz darauf zog eine Karawane von Kaufleuten heran, die auf dem Weg nach Ägypten war.

„Warum verkaufen wir Josef nicht einfach an sie?", überlegten die Brüder.

Und so verkauften sie Josef für zwanzig Silberstücke an die Kaufleute.

Sie brachten den Jungen als Sklave nach Ägypten.

Seine Brüder tauchten Josefs Mantel in Ziegenblut. Dann kehrten sie nach Hause zurück und logen ihrem Vater Jakob vor: „Wir bringen schlechte Nachrichten. Ein wildes Tier hat unseren Bruder Josef angefallen und getötet."

„Mein lieber Sohn ist tot!", rief Jakob verzweifelt. „Es bricht mir das Herz!"

Aber Josef lebte und Gott beschützte ihn bei allem, was er tat. Josef wurde erst Sklave beim reichen Potifar. Viele Jahre später wurde er zur rechten Hand des Königs – und einer der mächtigsten Männer in Ägypten. Schließlich erfüllten sich sogar Josefs Träume: Als eine Hungersnot ausbrach und seine Brüder in Ägypten Essen kaufen mussten, verbeugten sie sich vor dem neuen Stellvertreter des Königs. Sie erkannten nicht, dass es ihr Bruder Josef war.

Erst nachdem er sie auf die Probe gestellt und herausgefunden hatte, wie leid es den Brüdern tat, was sie ihm und ihrem Vater angetan hatten, gab sich Josef zu erkennen. Er vergab ihnen und ließ sie schließlich auch den Vater nach Ägypten holen. Endlich war die ganze Familie wieder zusammen.

Lastenträger

Dieses Kamel trägt eine Menge Pakete.

Wie viele sind es von welcher Farbe?

Lustige Vögel

Kreuze an, welche dieser acht Vögel nicht fliegen können.

Suchen und finden

Wo haben sich die acht Vögel in diesem Bild versteckt? Kreise sie ein.

Das Baby im Korb
Exodus 2,1-10

Es lag schon viele Jahre zurück, dass Josef und seine Familie nach Ägypten gezogen waren. Nun regierte ein anderer, hartherziger König. Er machte die Israeliten zu Sklaven. Sie mussten in der sengenden Sonne Lehmziegel für seine prächtigen Gebäude herstellen.

Der König fürchtete sich vor den Israeliten, weil ihr Volk groß geworden war und immer weiter wuchs. Deshalb befahl er seinen Soldaten, alle israelitischen Jungen, die zur Welt kamen, in den Nil zu werfen und zu töten.

Aber eine Israelitin konnte ihr Baby nach der Geburt so gut verstecken, dass die Soldaten es nicht fanden. Nach drei Monaten flocht sie einen Korb, dichtete ihn mit Pech ab und legte das Kind hinein. Den Korb setzte sie ins Schilf am Ufer des Nils.

Miriam, ihre Tochter, versteckte sich in der Nähe, sodass sie das Körbchen gut beobachten konnte. Bald sah sie die Tochter des Königs zum Baden an den Fluss kommen. In dem Moment fing das Baby im Körbchen an zu schreien.

„Ein Baby!", rief die Prinzessin. Sie ließ das Körbchen zu sich bringen und nahm das Kind in die Arme.

Da lief Miriam mutig auf die Prinzessin zu und rief: „Ich kenne eine Frau, die das Kind stillen könnte. Soll ich sie holen?"

„Ja, gern", antwortete die Prinzessin. Miriam holte ihre Mutter.

„Versorge das Kind, bis es alt genug ist, um bei mir am Hofe zu leben", sagte die Prinzessin zu ihr.

Die Prinzessin nannte den Jungen Mose. Er wuchs heran, zog in den Palast und wurde dort wie ein Prinz erzogen.

Partnersuche

Jedes abgebildete Tier hat einen passenden Partner, der sich im Bild versteckt.
Verbinde die beiden mit einer Linie.

Frosch   Käfer   Ente   Fisch   Libelle

Fische fangen

Dieser Ibis hat Hunger auf Fisch. Zeichne die Schnur nach, mit der er sich den dicken Fisch angeln kann. Schreibe den dazugehörigen Buchstaben ins Kästchen.

Lass mein Volk frei!
Exodus 3,1 – 12,51

„Mose! Mose!", rief Gott. „Ich habe gesehen, wie grausam der König von Ägypten mein Volk behandelt. Ich höre, wie die Menschen mich anflehen. Ich will sie aus Ägypten befreien und ihnen ein neues Land schenken, in dem sie frei leben können. Geh zum König und sage ihm, dass er mein Volk wegziehen lassen soll."

Mose erschrak. „Wie kommst du darauf, dass der König auf mich hören wird?", fragte er Gott.

„Weil ich bei dir sein werde", sagte Gott. „Und außerdem wird dein Bruder Aaron dich begleiten."

Also gingen Aaron und Mose zum König.

„Gott, der Herr der Israeliten, will, dass du sein Volk freilässt", sagten sie.

„Gott?", lachte der König. „Den kenne ich nicht. Jedenfalls lasse ich meine Sklaven bestimmt nicht frei."

„Dann werden schlimme Dinge in Ägypten geschehen", sagte Mose.

Er ging zum Nil, schlug mit seinem Stab aufs Wasser, und sofort färbte es sich blutrot. Die Fische starben, aber

der König wollte trotzdem nicht auf Mose hören.

Dann wurde das Land von unzähligen Fröschen und Stechmücken befallen. Viehherden, Pferde und Esel erkrankten an unheilbaren Seuchen und starben.

Die Ägypter bekamen eitrige Geschwüre. Riesige Hagelkörner vernichteten die Ernte und Heuschrecken fraßen auf, was der Hagel übrig gelassen hatte. Dann wurde es mitten am Tag plötzlich stockdunkel. Doch der König blieb dabei: Er ließ Gottes Volk nicht frei.

Nun kam die schlimmste aller Plagen über das Land: In jeder Familie, die sich nicht zu Gott bekannte, starb der älteste Sohn. Auch der König verlor sein Kind. Da ließ er Mose rufen und schrie: „Verschwindet aus meinem Land! Nimm dein Volk und macht euch sofort davon."

Noch in derselben Nacht führten Mose und Aaron das Volk aus Ägypten.

Froschversammlung

Zähle die Frösche in jeder Zeile zusammen und trage das Ergebnis in die Kästchen ein.

Wie viele Frösche sind es insgesamt?

Raus bist du!

Mose schlägt mit seinem Stab ins Wasser des Nils. Drei der vier Bilder sind gleich, welches unterscheidet sich von den anderen? Schreibe die Nummer ins Kästchen.

Die große Flucht
Exodus 13,17 – 15,21

Gott führte sein Volk aus Ägypten heraus durch die Wüste in Richtung Schilfmeer. Bei Tag ging er ihnen in einer Wolkensäule voraus, nachts wies er ihnen durch eine Feuersäule den Weg. Am Ufer des Schilfmeeres machten sie Rast.

Der König von Ägypten bereute schon, dass er die Israeliten freigelassen hatte.

„Was mache ich bloß ohne meine Sklaven!", schimpfte er. „Bringt mir meinen Streitwagen. Wir müssen sie zurückholen!"

Schnell rief er sein Heer zusammen. Er selbst lenkte seinen Streitwagen und führte eine Armee von sechshundert Wagenführern, Reitern und unzähligen weiteren Soldaten an.

Jetzt saß Gottes Volk in der Falle: Vor ihnen lag das Schilfmeer, hinter ihnen rückte die ägyptische Armee an. Wütend beschimpften sie Mose: „Was sollen wir bloß tun? Warum hast du uns nicht gleich in Ägypten gelassen? Lieber dort als Sklave leben als hier in der Wüste zu sterben!"

„Keine Angst", redete Mose seinem Volk zu. „Gott wird uns beschützen! Ihr werdet es mit eigenen Augen sehen, wie er für euch kämpft."

Gott hatte einen Plan. Er befahl Mose, seinen Stab über dem Meer auszustrecken. Im selben Moment teilte sich das Wasser und vor den Augen der Israeliten bildete sich mitten hindurch ein breiter Pfad. Trockenen Fußes gelangten die Israeliten ans andere Ufer.

Dort streckte Mose seinen Stab noch einmal aus. Da schickte Gott einen heftigen Wind, der die Wassermassen wieder zusammenfließen ließ. Die Fluten begruben die herangerückte ägyptische Armee unter sich.

Die Israeliten waren gerettet! Sie sangen Gott aus vollem Herzen Loblieder und konnten ihren Weg bald fortsetzen – in das Land, das Gott ihnen versprochen hatte.

Seltsame Schafe

Mit jedem dieser Schafe stimmt etwas nicht. Kreise ein, was normalerweise nicht zu einem Schaf passt.

Die Zehn Gebote
Exodus 20,1-7

Nun waren die Israeliten keine Sklaven mehr. Aber je länger sie durch die trockene, heiße Wüste wanderten, desto unzufriedener wurden sie. Sie klagten über Hunger und Durst. Gott sorgte dafür, dass sie Wasser bekamen: Als Mose mit seinem Stab gegen einen Felsen schlug, sprudelte ein Bach daraus hervor. Und aus heiterem Himmel schickte Gott ihnen Fleisch und süßes Brot.

Als sie zum Berg Sinai kamen, ließ Mose das Volk zurück und stieg zum Gipfel auf. Dort sprach er mit Gott, der sich in einer großen Wolke verbarg.

Als Mose ins Tal zum Volk zurückkehrte, trug er zwei Steintafeln bei sich. Darauf hatte Gott wichtige Lebensregeln geschrieben, die Zehn Gebote:

Ich bin der Herr, dein Gott. Du sollst keine anderen Götter haben.

Verehre nur mich, den wahren, lebendigen Gott.

Geh respektvoll mit meinem Namen um. Er ist heilig.

Feiere den Sabbat, meinen heiligen Tag.

Liebe und achte deine Eltern.

Töte nicht.

Nimm niemandem die Freundin oder den Freund oder den Ehepartner weg.

Stiehl nicht.

Lüge nicht.

Sei auf nichts und niemanden neidisch.

Ein besonderer Berg

Wie hieß der Berg, auf dem Mose die Zehn Gebote bekam?

Wer steckt wo?

Alle fünf Personen haben sich im Bild versteckt. Verbinde die Paare mit einer Linie.

Josua und die Schlacht von Jericho
Josua 1,1-6; 5,13 – 6,20

Viele Jahre führte Mose sein Volk, bis er als alter Mann starb. Gott hatte Josua als neuen Anführer seines Volkes bestimmt.

„Ich werde immer bei dir sein und dir helfen, so wie ich es auch mit Mose gemacht habe. Fürchte dich nicht, denn ich, der Herr, werde dich niemals verlassen", versprach Gott ihm.

Die Israeliten waren immer noch unterwegs ins Gelobte Land. Bevor sie hineinkonnten, mussten sie die Stadt Jericho einnehmen. Sie war sehr gut befestigt, hatte hohe Mauern, stabile Tore und wurde bestens bewacht.

Gott verriet Josua, wie er die Stadt trotzdem besiegen konnte: „Nimm deine Soldaten und marschiere sechs Tage lang einmal täglich um Jericho herum. Sieben Priester sollen euch anführen. Am siebten Tag sollt ihr die Stadtmauern siebenmal umkreisen. Beim letzten Mal sollen die Priester kräftig in ihre Trompeten blasen und das Volk soll ein lautes Kriegsgeschrei anstimmen."

Josua und das Volk gehorchten Gott aufs Wort. Jeden Tag marschierten sie einmal um die Stadtmauer herum. Am siebten Tag aber umkreisten sie Jericho sieben Mal. Die Priester bliesen ihre Trompeten und das Volk brach in ohrenbetäubendes Kriegsgeheul aus. Da stürzten die Stadtmauern ein!

Unter Josuas Führung nahmen die Israeliten Jericho ein.

Josua hielt sich immer an Gottes Gebote und hörte auf alles, was Gott ihm sagte.

Als er alt geworden war, erinnerte Josua die Israeliten daran, fest an Gott zu glauben. „Meine Familie und ich wollen jedenfalls immer zu Gott stehen", sagte er. „Und ihr?"

Zähl doch mal!

1. Wie viele Priester tragen pinkfarbene Gürtel?

2. Wie viele tragen gelbe Gürtel?

3. Wie viele tragen blaue Gürtel?

Labyrinth

Zeige dem Priester den Weg nach Jericho.

Eine schlaflose Nacht
1. Samuel 3,1-21

„Hilf mir, Gott! Schenk mir doch einen Sohn!", betete Hanna verzweifelt. Seit Jahren wünschte sie sich ein Kind. Schließlich erfüllte Gott ihr diesen Wunsch und Hanna brachte einen Sohn zur Welt. Sie nannte ihn Samuel.

Als Samuel alt genug war, brachte Hanna ihn zum Priester Eli. Dort sollte ihr Sohn wohnen und Gott dienen. So wollte sich Hanna bei Gott bedanken.

Samuel half dem alten Priester beim Tempeldienst. Eli liebte Gott, aber seine Söhne hielten sich nicht an Gottes Gebote.

Eines Nachts hörte Samuel plötzlich eine Stimme rufen: „Samuel! Samuel!"

Er sprang auf, lief hinüber zu Eli und sagte: „Hier bin ich."

„Ich habe dich nicht gerufen", erwiderte Eli. „Geh schlafen!"

Samuel legte sich wieder ins Bett.

Kurz darauf rief die Stimme wieder: „Samuel, Samuel!"

Und Samuel lief wieder zu Eli.

„Ich habe dich nicht gerufen", sagte der Priester. „Geh ins Bett!"

Samuel legte sich wieder schlafen,

doch kurz darauf ertönte es erneut: „Samuel, Samuel!"

Als Samuel nun das dritte Mal vor seinem Bett stand, begriff Eli: „Es ist Gott, der dich ruft, Samuel. Beim nächsten Mal sollst du ihm antworten: ‚Herr, dein Diener hört zu!'"

Samuel ging wieder ins Bett. Und die Stimme rief: „Samuel! Samuel!"

„Herr, dein Diener hört zu!", antwortete Samuel.

Am nächsten Morgen erzählte Samuel dem Priester Eli, was Gott gesagt hatte: Elis Söhne sollten für ihre üblen Taten bestraft werden.

Und so geschah es auch.

Da stimmt was nicht!

Finde die acht Fehler im unteren Bild und kreise sie ein.

Punkt für Punkt

Verbinde die Punkte von 1 bis 23. Dann erkennst du, womit Samuel sich in der Nacht zurechtfinden konnte.

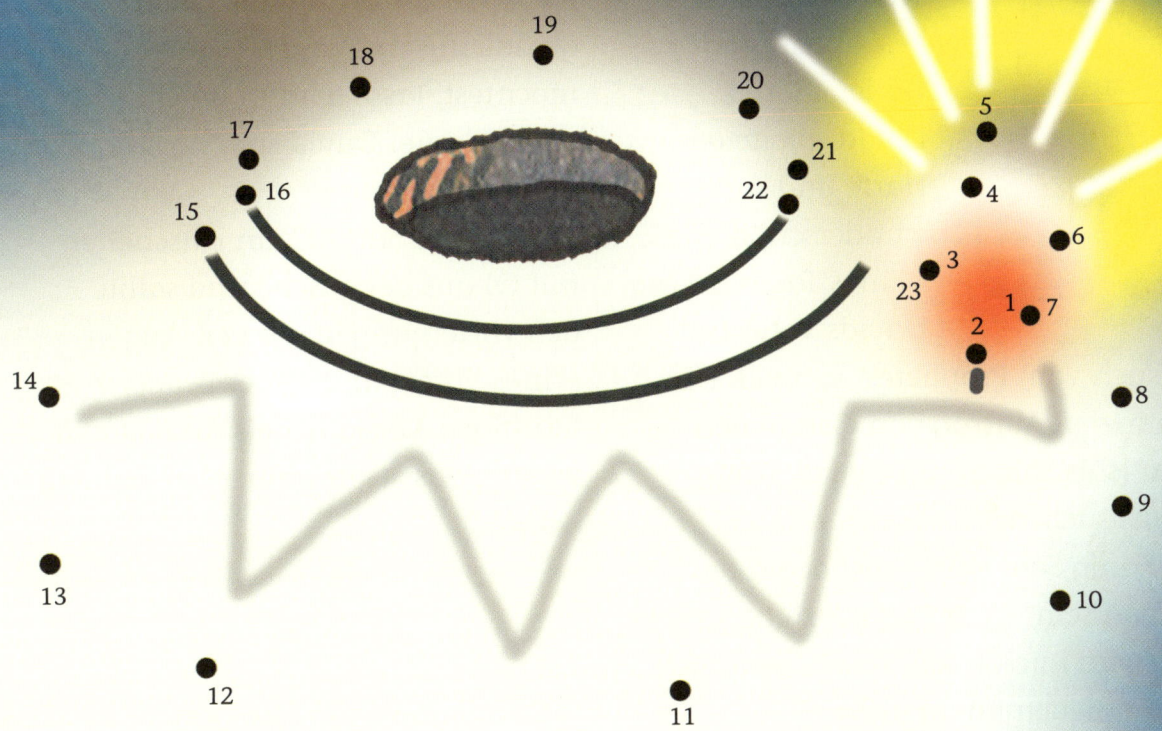

Samuel hatte eine ...

David, der Hirtenjunge
1. Samuel 16,1-23

David war ein hübscher Junge. Er hütete die Schafe seines Vaters und beschützte sie vor wilden Tieren. David spielte gern Harfe und sang wunderschön dazu.

Eines Tages bekam Davids Vater Isai Besuch vom Propheten Samuel. Der hatte den Auftrag von Gott, einen von Isais Söhnen als neuen König auszusuchen.

„König Saul wird nicht begeistert davon sein", gab Samuel zu bedenken. „Er wird mich töten lassen, wenn ich einen neuen König salbe."

Aber Gott schickte Samuel dennoch zu Isai.

Isai stellte Samuel seine sieben kräftigen, gut aussehenden Söhne vor. Aber mit keinem war Gott einverstanden.

„Hast du noch mehr Söhne?", fragte Samuel schließlich.

„Ja, den Jüngsten. Aber er ist wirklich noch sehr jung", sagte Isai. „Er hütet gerade unsere Schafe. Wenn du möchtest, lasse ich ihn holen."

Als Samuel David sah, hörte er Gott sagen: „Das ist er!"

Da nahm Samuel ein Fläschchen mit Öl aus der Tasche und salbte den Hirtenjungen vor den Augen seines Vaters und seiner Brüder zum künftigen König Israels. Und David wusste, dass Gott immer bei ihm sein würde.

Aber noch regierte König Saul. Er benahm sich nicht mehr so, wie Gott es wollte. Saul war traurig über sich selbst und oft wurde er so schwermütig, dass er sich gar nicht mehr freuen konnte.

„Jemand soll Harfe für mich spielen und mich etwas aufmuntern", sagte Saul eines Tages.

Da erzählte einer seiner Diener ihm von David. „Der Junge ist mutig und sieht gut aus. Er ist ein großer Musiker und spielt sehr kunstvoll Harfe."

„Lass ihn sofort zu mir bringen!", befahl Saul.

Wann immer der König niedergeschlagen oder missmutig war, spielte David für ihn auf seiner Harfe, um ihn aufzuheitern.

Aber noch wusste Saul nicht, dass David einmal König von Israel werden sollte.

Wo ist das passende Paar?

Achtmal David – aber nur zwei Bilder sind ganz gleich. Verbinde sie mit einer Linie.

Hübsch bunt

Male die weißen Flächen in diesem Bild aus.

David besiegt Goliat
1. Samuel 17,1-50

Wieder einmal führte König Sauls Armee Krieg gegen die Philister. Drei Brüder Davids gehörten zu den Soldaten.

Eines Tages schickte Isai, ihr Vater, David los, um seinen Brüdern etwas zu essen zu bringen.

Als David im Lager eintraf, hörte er einen Mann herumbrüllen. Es war der Riese Goliat, der größte und stärkste Soldat der Philister.

König Saul hatte eine große Belohnung für den Sieg über Goliat ausgesetzt. Aber keiner traute sich, gegen den Riesen zu kämpfen.

„Ich fürchte mich nicht vor ihm", sagte David. „Er fordert nicht uns heraus, sondern er fordert Gott selbst heraus. Ich will gegen ihn kämpfen. Gott hat mich immer beschützt, wenn ich es beim Schafehüten mit Bären und Löwen aufnehmen musste. Er wird mir auch gegen Goliat helfen."

König Saul wollte David seine Rüstung geben, aber sie war viel zu groß und schwer für den Jungen. An einem Bach suchte sich David fünf Steine und ging mit seiner Schleuder zu Goliat.

Der Riese lachte den kleinen David aus.

Doch David rief: „Du kämpfst mit Schwert und Speer, aber ich habe Gott auf meiner Seite!"

Dann legte er einen Stein in seine Schleuder. Er schwang sie über seinem Kopf und schleuderte den Stein gegen Goliat.

Er traf den Riesen mitten auf der Stirn. Goliat fiel um und war sofort tot.

Als die Philister sahen, dass ihr großer Kriegsheld gefallen war, liefen sie in Panik davon.

Gott hatte David zum Sieger gemacht. Das ganze Volk jubelte ihm begeistert zu.

Zähle die Speere

1. Wie viele Soldaten auf dem Bild haben Speere in der Hand?

2. Wie viele Soldaten tragen keinen Speer?

3. Wie viele Soldaten tragen eine Kopfbedeckung?

4. Wie viele Soldaten sind insgesamt auf dem Bild?

Gott sorgt für Elia
1. Könige 17,1-16

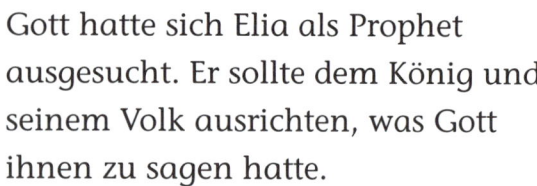

Gott hatte sich Elia als Prophet ausgesucht. Er sollte dem König und seinem Volk ausrichten, was Gott ihnen zu sagen hatte.

Eines Tages ging Elia zu König Ahab. Der König hatte sich längst von Gott abgekehrt. Seine Frau Isebel war noch schlimmer. Sie betete den Götzen Baal an.

„Ändere dein Leben. Werde ein guter König", warnte Elia. „Wenn du Gott nicht gehorchst, wird es keinen Regen mehr geben. Es kann Jahre lang dauern, bis Gott es wieder regnen lässt."

Wer einem König so etwas verkündete, schwebte in Lebensgefahr. Deshalb floh Elia. Er lief weit weg, an ein Flussufer. Dort sorgte Gott für ihn: Er schickte Raben zu Elia, die ihm Brot und Fleisch brachten. Und aus dem Fluss konnte Elia trinken.

Dann schickte Gott Elia in die Stadt Zarpat zu einer Witwe.

Elia traf sie beim Sammeln von Feuerholz an. „Gib mir bitte zu trinken", sagte der Prophet. „Und auch etwas Brot zu essen."

Doch die Witwe und ihr Sohn hatten selbst kaum noch etwas zu essen. Felder und Wiesen waren ausgetrocknet und die Viehherden hatten kein Futter mehr gefunden. Trotzdem teilte die Frau ihr letztes Brot mit Elia.

Da sagte der Prophet: „Mach dir keine Sorgen. Gott hat versprochen, dass du ab sofort immer genügend Mehl und Öl haben wirst, um genug Brot zu backen."

Und wirklich, sie alle wurden Tag für Tag satt! Gott passte immer gut auf Elia auf.

Klein und groß

Schreibe ein **K** an den kleinsten Raben und ein **G** an den größten.

Suchaktion

Suche diese fünf Dinge auf dem oberen Bild und kreise sie ein. Schreibe in die Kästchen, wie viele du jeweils gefunden hast.

Teller

Becher

Brot

gefüllte Schüssel

Palme

Feuer vom Himmel
1. Könige 18,16-45

Seit fast drei Jahren hatte es nicht mehr geregnet. Das ganze Land war ausgedörrt und öde. Da schickte Gott Elia noch einmal zu König Ahab.

Elia fürchtete sich nicht. Mutig überbrachte er Ahab Gottes Botschaft:

„Du hast dich vom lebendigen Gott abgewendet und betest den Götzen Baal an. Deshalb will Gott dir beweisen, wer der wahre Gott ist. Wir werden einen Wettstreit machen. Dann soll das Volk entscheiden, wem es glauben will. Rufe alle Priester des Baal zum Berg Karmel."

Als sich Hunderte von Baalspriester auf dem Karmel eingefunden hatten, rief Elia ihnen zu:

„Baut einen Altar und legt einen Opferstier darauf. Ich werde das Gleiche tun und Gott einen Stier opfern. Dann sollen die Priester ihren Baal anrufen, Feuer vom Himmel zu schicken, das den Stier verzehrt. Ich aber werde den lebendigen Gott um Feuer anflehen. Dann werden wir ja sehen, wer uns erhört."

Von morgens bis abends riefen die Baalspriester ihren Götzen an. Vergeblich.

„Ihr müsst lauter rufen!", spottete Elia. „Vielleicht schläft euer Baal gerade oder er muss mal austreten. Ruft lauter, damit er endlich aufwacht."

Doch so laut die Priester auch schrien – es geschah nichts.

Nun war Elia an der Reihe. Er legte sein Opfertier auf den Altar und bat einige Gehilfen, viel Wasser über den Altar zu gießen.

„Bitte, Gott, zeige diesen Leuten, dass du der wahre Gott Israels bist!", betete Elia laut. „Erhöre mein Gebet, großer Gott! Bring die Menschen dazu, sich wieder zu dir zu bekehren."

Sofort fiel Feuer vom Himmel herab. Ein riesiges Flammenmeer fegte über den Altar und verbrannte alles: das Opfertier, den Holzstapel, auf dem es lag, die Steine – und sogar das viele Wasser, das sich in einem Graben um den Altar gesammelt hatte.

Als die Menschen das sahen, riefen sie: „Es gibt nur einen wahren Gott: den Gott Israels!"

Die Baalspriester wollten fliehen, doch Elia ließ sie nicht entkommen. Und plötzlich zeigte sich in der Ferne eine kleine Wolke. Sie schwoll an und zog heran. Gott ließ es endlich wieder regnen!

Was passt?

Nur einer dieser Propheten gleicht dem im gelben Kästchen ganz genau.
Mache ein Häkchen (✔) daran.

Farbenspiel

Schreibe die gepunkteten Wörter nach:

Elias Mantel ist rot

Elias Kopfbedeckung ist grün

Die Hüte der Priester sind blau

Die Flammen sind rot und gelb

Naaman wird gesund
2. Könige 5,1-15

Naaman war ein berühmter Hauptmann. Er hatte schon viele Schlachten mit der syrischen Armee gewonnen. Nach einem Sieg über Israel brachten seine Soldaten ein kleines israelisches Mädchen als Kriegsgefangene mit. Sie wurde Naamans Dienstmädchen.

Naaman hatte eine unheilbare, ansteckende Krankheit, die man „Aussatz" nannte. Seine Haut wurde ganz weiß und wund. Niemand konnte ihm helfen.

Dem Dienstmädchen tat das sehr leid und sie sagte zu Naamans Frau: „Ich kenne Gottes Propheten Elisa. Er lebt in Samarien und kann deinen Mann gesund machen."

Naaman hatte nichts zu verlieren und so folgte er dem Rat seines Dienstmädchens.

Als er mit seinen Pferden und Streitwagen im Feindesland ankam, fürchtete sich der König. Doch Elisa erklärte, dass er Naaman zu ihm schicken sollte. Er würde ihn mit Gottes Hilfe heilen.

Als Naaman vor Elisas Haus stand, war er sich sicher, dass der Prophet ihn persönlich begrüßen würde. Doch Elisa ließ Naaman durch einen Boten ausrichten:

„Tauche siebenmal im Fluss Jordan unter. Dann wirst du gesund."

Da wurde der Hauptmann sehr wütend.

„Bin ich so weit gereist, um mich von einem Dienstboten abfertigen zu lassen? Und warum soll ich in der dreckigen Brühe des Jordans baden?"

„Versuchs doch wenigstens", sagten seine Diener. „Wenn der Prophet etwas Schwierigeres von dir verlangt hätte, würdest du es doch auch tun."

Also stieg Naaman in den Jordan. Er tauchte siebenmal unter – und war sofort gesund!

Da kehrte Naaman zu Elisa zurück und sagte: „Jetzt weiß ich, dass es auf der ganzen Welt nur einen wahren Gott gibt: den Gott Israels."

Voller Freude über das große Wunder, das Gott an ihm getan hatte, reiste der Hauptmann wieder in seine Heimat zurück.

Entenjagd

Wie viele Enten siehst du auf dem Bild?
Kreise sie ein und schreibe die Zahl in
das Kästchen.

Labyrinth

Auf welchem Weg kommt Naaman zum Fluss Jordan?

Daniel bei den Löwen
Daniel 6,1-24

Daniel glaubte fest an Gott. Er wollte ihm immer und überall treu sein und sich an seine Gebote halten.

Nach einer verlorenen Schlacht wurde Daniel als Kriegsgefangener in ein fremdes Land gebracht. Dort arbeitete er hart am Hof des Königs Darius. Der König schätzte seine Zuverlässigkeit und gab ihm einen wichtigen Posten. Darauf waren die übrigen Hofbeamten sehr neidisch. Sie wollten Daniel loswerden.

Einige von ihnen gingen zu Darius

und sagten: „Erlasse ein Gesetz, nach dem das Volk nur dich anbeten darf. Wer sich nicht daran hält, soll zu den Löwen gesperrt werden."

Der König erließ dieses Gesetz. Aber Daniel betete weiter zu Gott. Seine Feinde verrieten es dem König und Daniel wurde zu den hungrigen Löwen gesperrt.

„Möge dein Gott dich beschützen", sagte Darius traurig zum Abschied.

Vor Sorge um Daniel tat der König die ganze Nacht kein Auge zu. Beim ersten Morgengrauen lief er zur Löwengrube und rief: „Daniel, Daniel, lebst du noch? Hat dein Gott dich gerettet?"

„Die Löwen haben mir nichts getan!", rief Daniel zurück. „Gott hat einen Engel geschickt, der ihnen die Mäuler zuhielt. Sie haben mir kein Haar gekrümmt."

Darius war überglücklich. Er ließ Daniel frei und seine Soldaten warfen stattdessen die hinterhältigen Beamten zu den Löwen.

Von nun an konnte Daniel seinen Gott immer und überall anbeten. Und auch der König erkannte, dass es nur einen wahren Gott gibt: Daniels Gott, der ihn vor den Löwen beschützt hatte.

Wer versteckt sich hier?

Male alle Flächen mit einem Punkt darin aus. Dann siehst du, was sich in der Höhle verbirgt. Schreibe die Lösung ins Kästchen.

Auf Löwenjagd

Wie oft findest du das Wort „Löwe" in dem Buchstabengitter?

P	L	E	R	L	O	K
L	Ö	W	E	Ö	D	S
S	W	H	L	W	I	L
L	E	U	Ö	E	D	Ö
F	L	Ö	W	E	U	W
K	E	W	E	N	L	E
U	N	L	Ö	W	E	Q

Jona läuft weg
Jona 1,1 – 3,10

Gott sagte zu Jona: „Geh nach Ninive! Sag den Leuten dort, dass ich mir nicht länger ansehen will, wie böse sie sind. Ich kenne alle ihre Untaten. Sie müssen damit aufhören und sich ändern. Sie sollen gut zueinander sein und nicht alles kaputt machen."

Aber Jona wollte nicht nach Ninive. Er konnte die Menschen dort nicht leiden und lief weg. An der Küste bestieg er ein Schiff, das genau in die entgegengesetzte Richtung nach Spanien fuhr.

An Bord fühlte sich Jona sicher und legte sich schlafen. Da ließ Gott einen schweren Sturm aufziehen. Der Wind peitschte über das Meer und türmte es zu haushohen Wellen auf. Jona schlief fest und bekam nichts davon mit.

Doch die Seeleute fürchteten sich sehr. Sie warfen die ganze Ladung über Bord, aber der Sturm wirbelte ihr Schiff trotzdem wie eine Nussschale umher.

„Wach auf, Jona!", riefen die Seeleute schließlich. „Wir gehen unter! Bete zu deinem Gott!"

Jona sagte: „Das ist alles meine Schuld! Ich bin vor Gott davongelaufen. Ihr müsst mich über Bord werfen, dann seid ihr sicher."

Erst wollten die Seeleute es nicht tun, aber als das Unwetter immer schlimmer tobte, warfen sie Jona schließlich doch ins Meer.

Sofort legte sich der Sturm. Ruhig glitt das Schiff dahin.

Jona aber sank tiefer und tiefer ins Meer. Er fürchtete zu ertrinken und betete zu Gott.

Gott erhörte sein Flehen und schickte einen riesigen Fisch, der Jona verschlang!

Im Bauch des Fisches betete Jona: „Lieber Gott, es tut mir leid, dass ich dir nicht gehorcht habe."

Drei Tage später spuckte der Fisch Jona wieder aus.

„Geh nach Ninive", sagte Gott noch einmal.

Und diesmal gehorchte Jona. Die Menschen in Ninive hörten ihm zu und änderten ihr Leben. Da vergab Gott ihnen. Weil sie bereuten, was sie getan hatten, war Gott gnädig mit ihnen, denn er hatte sie sehr lieb.

Seenot

Male das Bild aus und erzähle, was darauf geschieht.

Wal-Versammlung

Wie viele Wale siehst du?

Lösungen der Rätsel aus dem Alten Testament

Seite 10

Hier sind die zehn Fehler eingekreist.

Seite 14

Apfel, Kirschen, Banane

Seite 15

4 blaue Blumen
3 Kaninchen
1 Frosch
2 Mäuse

Seite 18

Seite 19

Die gesuchten Wörter sind eingekreist.

```
P F E R D O K
A U K L T D S
S C H W E I N
L H U N D E A
F S Ö I Z U P
K E W T N L R
U N L Ö W E Q
```

Seite 22

Seite 23

Seite 26

Es sind 11 Schafe.

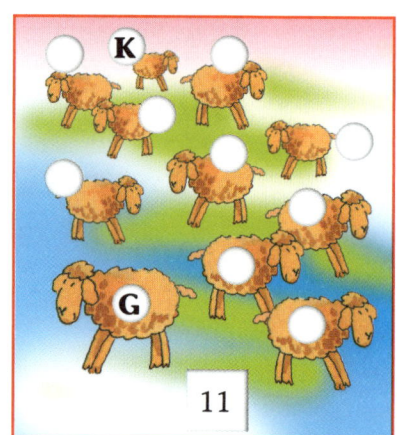

Seite 30/31

Bild Nummer 4 ist identisch.

4 Tierarten: Schafe, Rinder, Esel, Kamele

Seite 31

Es sind 12 Sterne.

Der Stern mit anderer Form ist eingekreist.

Seite 34

Die Fehler sind eingekreist.

Der Name ist Jakob.

Seite 35

Seite 39

1: 10, 2: 2, 3: 7, 4: 3.

Seite 42

Gelb: 3, Rot: 4, Blau: 3

Seite 43

Die Vögel 5 und 8 können nicht fliegen.

Seite 46

Seite 47

Linie B

Seite 50

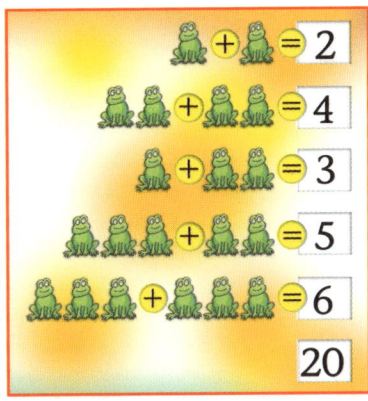

Seite 51

Nummer 4.

Seite 54

Seite 55

Seite 58

Seite 59

Berg Sinai

Seite 62

Pink: 5; Gelb: 1; Blau: 2

Seite 63

Seite 66

Seite 67

Öllampe

Seite 70

6 und 8 bilden ein Paar.

Seite 74

S	C	H	L	E	U	D	E	R
C	M	J	K	L	B	D	Q	X
H	L	M	P	V	D	C	W	G
W	I	F	U	B	A	L	D	O
E	G	T	R	S	V	Z	X	L
R	L	S	T	E	I	N	Q	I
T	F	L	A	L	D	M	S	A
H	W	Q	V	B	J	K	L	T
P	D	Y	S	P	E	E	R	J

Seite 75

13 Soldaten haben Speere in der Hand.
1 Soldat trägt keinen Speer.
2 Soldaten tragen eine Kopfbedeckung.
Insgesamt sind es 14 Soldaten.

Seite 78

Seite 79

Teller: 4; Becher: 2;
Brot: 2;
gefüllte Schüssel: 1;
Palme: 3

Seite 82

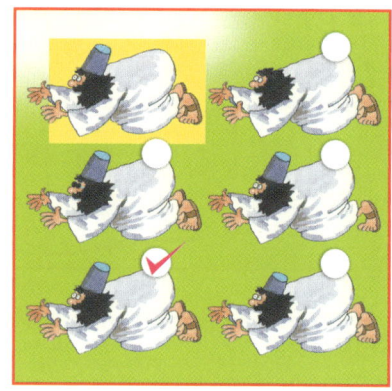

Seite 83

Elias Mantel ist:

rot

Elias Kopfbedeckung ist:

grün

Die Hüte der Priester sind:

blau

Die Flammen sind:

rot

und

gelb

Seite 86/87

Seite 90

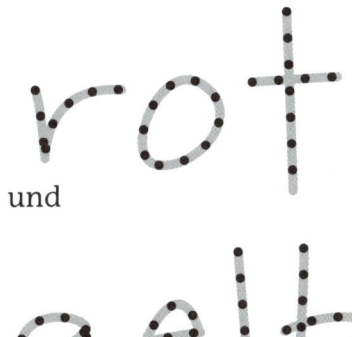

Seite 91

Das Wort Löwe taucht 7-mal auf.

Seite 95

Fünf Wale schwimmen im Meer.

Das Neue Testament

Ein Engel bei Maria
Lukas 1,26-38; 2,1-7

Gott schickte seinen Engel Gabriel nach Nazareth. Dort wohnte Maria, eine junge Frau, der Gabriel eine wichtige Nachricht bringen sollte.

Maria erschrak, als der Engel plötzlich vor ihr stand.

„Fürchte dich nicht!", sagte Gabriel. „Gott hat dich für eine große Aufgabe ausgesucht. Du wirst einen Sohn zur Welt bringen, den sollst du Jesus nennen. Dieses Kind ist Gottes eigener Sohn, der Retter der Welt. Sein Königreich wird ewig bestehen."

Maria verstand das alles nicht, aber trotzdem sagte sie: „Ich will tun, was Gott verlangt."

Maria war mit dem Zimmermann Josef verlobt. Die beiden wollten bald heiraten.

Zu dieser Zeit beschloss der römische Kaiser Augustus, eine Volkszählung durchzuführen.

Da sagte Josef zu Maria: „Wir müssen

nach Bethlehem, von wo meine Familie stammt. Dort müssen wir uns in eine Liste eintragen lassen."

So machte sich Josef mit der hochschwangeren Maria auf die anstrengende Reise. Ihr Esel trug das Gepäck und Nahrungsmittel.

Der Weg war schmal und staubig. Maria fühlte sich erschöpft und müde. Sie hoffte, dass sie einen schönen Platz zum Ausruhen in Bethlehem finden würden.

Aber als sie endlich dort ankamen, gab es nirgends ein freies Zimmer. Die Stadt war völlig überfüllt.

Als Maria und Josef nicht mehr weiterwussten, bot ihnen ein Gastwirt einen Schlafplatz in seinem Stall an. Maria war froh, sich endlich ausruhen zu können. Sie spürte, dass ihr Kind bald auf die Welt kommen würde.

Und wirklich: Noch in derselben Nacht wurde Jesus geboren. Maria wickelte das Kind in eine Windel und legte es in die Futterkrippe. Dabei dachte sie an die Worte des Engels Gabriel: Jesus war Gottes eigener Sohn, der Retter der Welt! Nun war er auf die Welt gekommen.

Da fehlt doch was!

Die Tiere auf diesen Bildern brauchen dringend deine Hilfe, weil ihnen etwas fehlt.

Male der Maus einen Schwanz.

Male dem Ochsen Hörner.

Mäusejagd

Wie viele Mäuse findest du auf dem Bild?

Stimmen

Welcher Laut gehört wozu?
Schreibe die Zahlen in die Kreise.

1 Piep, piep

2 Mäh, mäh

3 Uäääh, uäääh

4 Huhuuu, huhuuu

Male der Ziege Hörner.

Engel bei den Hirten
Lukas 2,8-20

Auf den Hügeln bei Bethlehem hüteten Hirten ihre Schafe. Sie saßen unter einem sternklaren Himmel am wärmenden Feuer.

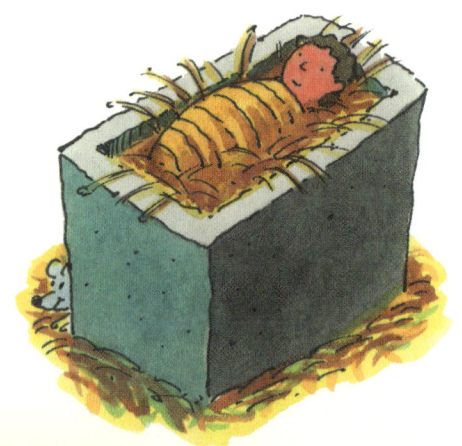

Plötzlich bemerkten sie ein gleißendes Licht und ein Engel erschien.

„Fürchtet euch nicht!", rief er den Hirten zu. „Ich habe gute Neuigkeiten und bringe euch große Freude: Heute wurde in Bethlehem Gottes eigener Sohn geboren, der König der Welt! Ihr findet ihn in Windeln gewickelt in einer Futterkrippe."

Dann war der ganze Himmel voller Engel, die Gott priesen und sangen: „Ehre sei Gott in der Höhe!"

Was für ein Erlebnis!

Die Hirten ließen ihre Herden zurück und liefen sofort nach Bethlehem.

„Wir wollen mit eigenen Augen sehen, was geschehen ist!", sagten sie.

Sie fanden Maria und Josef im Stall. Und das Baby lag in der Krippe.

„Es ist alles genau so, wie der Engel es uns verkündet hat!", staunten sie.

Die Hirten erzählten Maria und Josef, was sie zuvor erlebt hatten. Maria vergaß nie, was der Engel ihnen über Jesus gesagt hatte.

Die Hirten kehrten wieder zu ihren Schafen zurück. Dabei sangen sie vor Freude. Und sie erzählten allen Leuten, welch großes Wunder Gott in der heiligen Nacht getan hatte.

Wörtersuche

Findest du im Buchstabensalat Wörter, die der Engel den Hirten sagte?

ANGST   FREUDE   WINDEL   KÖNIG   KRIPPE

Punkt für Punkt

Verbinde die Punkte und schau, was der Hirte trägt.

Wie viele Ziegen?

Wie viele Ziegen zählst du auf dieser Seite?

Drei weise Männer
Matthäus 2,1-15

Weit entfernt von Bethlehem betrachteten gelehrte Männer den Himmel. Sie kannten sich gut mit den Gestirnen aus.

Gerade hatten sie einen neuen hellen Stern entdeckt.

„Das ist ein Zeichen. Es bedeutet, ein neuer König wurde geboren!", sagten sie. „Wir wollen ihn suchen. Lasst uns nach Westen aufbrechen, um ihn anzubeten und ihm Geschenke zu bringen."

Also packten die Weisen ihre Sachen und machten sich auf den Weg, den der Stern ihnen wies.

Nach einer langen Reise schien der Stern über der Stadt Jerusalem stillzustehen. Deshalb gingen die Weisen zum Palast des Königs Herodes, um nach dem Neugeborenen zu

fragen. Doch Herodes wusste nichts über einen neuen König. Seine studierten Ratgeber schauten in ihren heiligen Büchern nach. „Hier steht geschrieben, dass ein neuer König in Bethlehem geboren werden soll", sagten sie.

So reisten die Fremden weiter nach Bethlehem. Zuvor hatte Herodes sie aber gebeten, ihm auf dem Rückweg von diesem neuen König zu berichten, denn er wollte den Konkurrenten beseitigen.

Endlich kamen die Gelehrten in Bethlehem an.

„Seht nur! Der Stern bleibt dort über dem Haus stehen!", riefen sie.

Leise traten sie ein und fanden Maria, Josef und den kleinen Jesus.

Die weisen Männer knieten vor dem Kind nieder und beteten es an. Dann überreichten sie ihre kostbaren Geschenke: Gold, Weihrauch und Myrrhe.

Maria staunte sehr darüber. Sie spürte, wie bedeutungsvoll und wichtig dieser Besuch war.

In der Nacht vor ihrer Abreise warnte Gott die Gelehrten, unbedingt einen anderen Rückweg zu nehmen und Herodes nichts von Jesus zu erzählen.

Maria und Josef aber flohen ins sichere Ägypten. Dort konnte Herodes Jesus nichts anhaben.

Irrgarten

Zeige den Gelehrten, auf welchem Weg sie zum Ziel kommen, das der Stern ihnen weist.

Da stimmt was nicht!

Kreise die sechs Fehler in diesem Bild ein.

Vier Fischer
Lukas 5,1-11

Als Jesus erwachsen war, begann er den Menschen von Gott zu erzählen.

Eines Tages stand er am Ufer des Sees Genezareth. Dort entdeckte er zwei Fischerboote. Die Fischer hatten sie an Land gezogen und säuberten nun ihre Netze.

Jesus fragte die Fischer, ob sie ihm helfen könnten. Er wollte ein kleines Stückchen auf den See hinausfahren und sich ins Boot stellen, um von dort aus zu den Menschen zu reden. Es waren so viele gekommen, dass sie ihn sonst nicht verstehen würden.

Simon und Andreas halfen gern.

Als die Menschen fortgegangen waren und Jesus mit den Fischern zum Ufer zurückgekehrt war, sagte er zu Simon: „Fahrt noch einmal auf den See hinaus und werft die Netze aus."

„Das hat zwar keinen Sinn", sagte Simon. „Ich war schon die ganze Nacht draußen und habe nichts

gefangen. Aber weil du es sagst, werde ich es doch versuchen."

Simon setzte noch einmal das Netz aus und plötzlich war es voller Fische! Es waren so viele, dass es zu reißen drohte. Jakobus und Johannes, Simons Freunde, mussten beim Einholen helfen.

Die Fischer staunten und erschraken auch ein wenig über dieses Wunder.

„Fürchtet euch nicht", sagte Jesus. „Kommt einfach mit mir!"

Und so wurden die vier Fischer die ersten Jünger von Jesus.

Fische fangen

Wie viele Fische sind ins Netz gegangen?

1. Wie viele sind rot?

2. Wie viele sind gelb?

3. Wie viele sind blau?

4. Wie viele sind es zusammen?

Jesus besucht Matthäus
Matthäus 9,9-13

Niemand mochte die Steuereinnehmer leiden. Die meisten von ihnen nahmen den Menschen mehr Geld ab, als sie mussten, und behielten es für sich. So wurden sie immer reicher und die einfachen Leute immer ärmer.

Matthäus war ein solcher Steuereinnehmer, als Jesus ihn eines Tages besuchte.

„Komm mit mir", bat Jesus. Und das ließ sich Matthäus nicht zweimal sagen. Ohne lange nachzudenken, ließ er seine Arbeit hinter sich und schloss sich den Jüngern von Jesus an.

Viele von ihnen waren Fischer.

Eigentlich passte Matthäus gar nicht zu ihnen. Doch obwohl er das spürte, war er ganz sicher, dass er zu Jesus gehören wollte.

Eines Tages lud Matthäus Jesus zu einem großen Fest ein, bei dem auch andere Steuereinnehmer zu Gast

waren. Es gab leckeres Essen und guten Wein und alle feierten fröhlich.

Den Gesetzeslehrern gefiel es aber gar nicht, dass Jesus bei Matthäus feierte. „Warum gibst du dich mit solchen schlechten Leuten ab?", fragten sie.

Jesus antwortete: „Weil ich für diejenigen da bin, die mich brauchen. Und gerade diese Leute brauchen mich besonders."

Matthäus gehörte zu den engsten Freunden von Jesus und er ließ ihn nie im Stich. Der Steuereinnehmer änderte sein Leben von Grund auf und wurde ein ganz neuer Mensch.

Das passt doch nicht!

Findest du die acht Fehler in diesem Bild vom Fest bei Matthäus? Kreuze sie an.

Kassensturz

Steuereinnehmer zählten oft Geld.
Zähle die Münzen in jeder Reihe zusammen.

Voller Beutel

Wie viele Münzen stecken im Beutel?

Der Mann auf der Matte
Lukas 5,17-26

Jesus war schon im Haus und redete mit den Gesetzeslehrern. Der Raum war völlig überfüllt. Niemand konnte mehr hinein.

Vier Männer gingen auf das Haus zu. Sie trugen eine Matte, auf der ein weiterer Mann lag. Er konnte weder laufen noch sitzen, denn er war gelähmt. Er brauchte dringend Hilfe und seine vier Freunde waren überzeugt, dass Jesus ihm helfen konnte.

Doch sie kamen einfach nicht ins Haus hinein.

„Steigen wir aufs Dach!", schlug einer vor.

Die Männer trugen ihren Freund die Außenstufen bis zum Dach hinauf. Dann kratzten sie ein Loch in den Lehm, aus dem das Flachdach gemacht war. Einige Brocken fielen auch in den Raum, wo Jesus sprach. Die Leute schauten nach oben. Es wurde mucksmäuschenstill. Als das Loch groß genug war, ließen die Männer ihren Freund auf seiner Matte an Seilen direkt vor den Füßen von Jesus hinab.

Jesus schaute den Mann an und sagte: „Deine Sünden sind dir vergeben."

„Was redet er da?", dachten die Gesetzeslehrer. „Wie kann er Sünden vergeben? Das darf doch nur Gott allein!"

Jesus kannte ihre Gedanken und sagte: „Ihr werdet gleich erleben, dass ich Sünden vergeben kann." Er wandte sich dem Gelähmten mit den Worten zu: „Nimm deine Matte und geh nach Hause."

Die Menschen trauten ihren Augen nicht, als der Mann tatsächlich aufstand, seine Matte aufrollte und aus dem Haus ging.

Lose Enden

Nur eins der Seile ist noch an der Trage befestigt.

Welches?

Jesus und seine Freunde
Lukas 6,12-16.27-42

Viele Menschen wollten Jesus sehen. Sie wussten, dass er Krankheiten heilen und ihnen helfen konnte. Er brauchte sie nur zu berühren und schon wurden sie gesund. Außerdem gefiel den Leuten, wie und was Jesus von Gott erzählte.

Inzwischen hatte Jesus zwölf ganz besondere Freunde, seine Jünger. Das waren: Simon Petrus und Andreas, Johannes und Jakobus, Matthäus, Philippus, ein zweiter Jakobus, ein zweiter Simon, Thomas, Judas, Bartholomäus und Judas Ischariot.

Jesus erklärte seinen Jüngern, wie Gott sich das Zusammenleben der

Menschen miteinander und mit ihm vorstellte:

„Liebt eure Feinde. Seid freundlich zu denen, die euch verletzen, und betet für sie. Seid gastfreundlich und großzügig. Verhaltet euch euren Mitmenschen gegenüber so, wie ihr selbst auch gern behandelt werden möchtet. Verurteilt eure Mitmenschen nicht und hört ihnen zu, wenn sie euch auf Fehler aufmerksam machen. Vergebt so großzügig, wie ihr euch Vergebung eurer Fehler wünscht."

Richtig oder falsch?

Setze ein Häkchen an die richtigen Aussagen und kreuze falsche Aussagen an.

☐ 1. Jesus hatte elf Jünger.

☐ 2. Jesus hatte einen Jünger, der Bernd hieß.

☐ 3. Jesus sagte, dass man seine Feinde bestrafen soll.

☐ 4. Jesus sagte, dass man sogar zu Leuten nett sein soll, die einen verletzen.

Segelboot

Zeichne ein kleines Segelboot auf den See.

Bildsalat

Schreibe die Ziffern von 1 bis 5 in der richtigen Reihenfolge unter diese Streifen, damit das ganze Bild entsteht.

Zwei Baumeister
Lukas 6,46-49

Jesus erzählte den Menschen oft Geschichten, damit sie sich besser vorstellen konnten, was er über Gott sagen wollte. Einmal sagte Jesus:

„Wenn ihr mir zuhört und tut, was ich euch sage, dann seid ihr wie der kluge Mann, der sein Haus auf einen Felsen baute.

Er brauchte zwar sehr lange dafür, aber er wollte unbedingt ein stabiles Steinhaus haben. Dazu brauchte er ein festes Fundament. Mit viel Kraft schlug er es in den felsigen Boden. Dann errichtete er die starken Steinwände. Als das Haus endlich stand, war der Mann zwar erschöpft, aber er konnte sich ganz sicher darin fühlen.

Als eines Tages ein heftiges Unwetter kam, die Flüsse über die Ufer traten und der Sturm über das Land fegte, wurden viele Häuser zerstört. Doch das Steinhaus trotzte Wind und Wetter.

Da freute sich der Mann, denn seine harte Arbeit hatte sich gelohnt.

Doch wenn ihr nicht auf mich hört, dann seid ihr wie ein dummer Baumeister, der sich keine Mühe machen wollte und sein Haus ohne Fundament schnell auf den Sand setzte.

Tatsächlich standen die Wände in kürzester Zeit und der Mann konnte bald einziehen.

Doch dann kam der Herbst mit seinen heftigen Stürmen und Regengüssen. Die Flüsse traten über die Ufer und schon schwappten die Wellen gegen die Hauswände. Bald zeigten sich die ersten Risse in den Mauern. Sie wurden immer breiter – bis das auf Sand gebaute Haus mit lautem Krachen einstürzte und vom Wasser weggeschwemmt wurde.

Labyrinth

Auf welchen Wegen kommen die beiden Baumeister zu ihren Häusern?

Farbenfroh

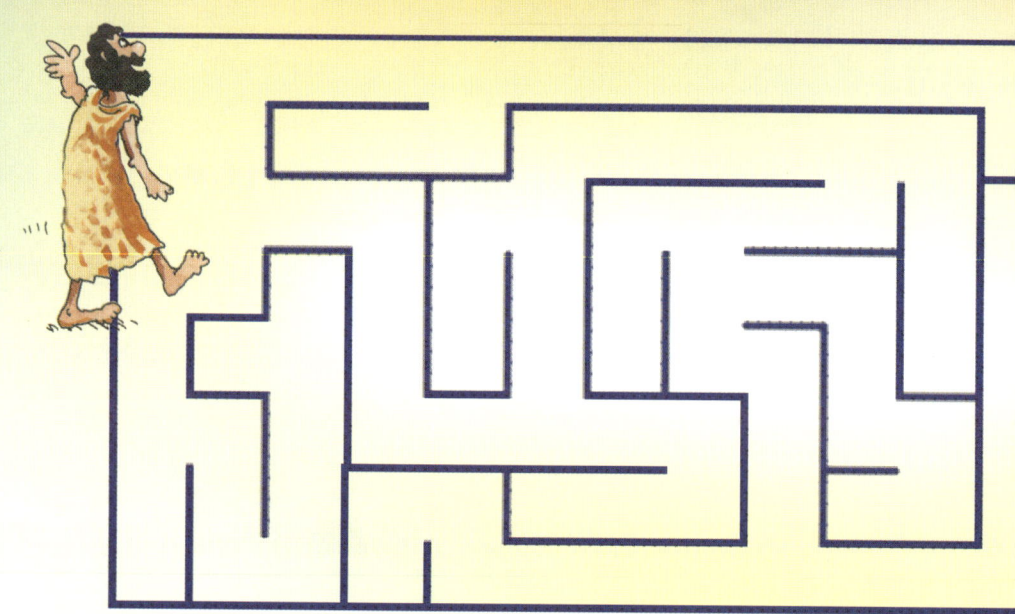

Male das Bild schön bunt.

Jesus stillt den Sturm
Markus 4,35-41

Eines Abends stieg Jesus mit seinen Jüngern in ein Boot. Es war ein anstrengender Tag gewesen.

„Lasst uns ans andere Ufer des Sees Genezareth fahren", sagte Jesus.

Die meisten Jünger kannten sich gut mit der Seefahrt aus und als die Wellen leise an die Bordwand schlugen, schlief Jesus gleich ein.

Doch kaum hatten sie die Mitte des Sees erreicht, zogen dunkle Wolken auf. Plötzlich brach ein schwerer Sturm los. Das kleine Boot wurde wie eine Nussschale auf den Wellen umhergeworfen und lief voll Wasser!

Jesus bemerkte von alldem nichts. Er schlief tief und fest.

„Wach auf! Wach doch endlich auf!", riefen seine Freunde voller Angst. „Wie kannst du nur schlafen, während wir in so großer Gefahr sind? Bestimmt kentert unser Boot gleich und wir gehen alle unter!"

Jesus stand auf und sagte: „Wind, sei still! Wellen, beruhigt euch!"

Sofort legte sich der Sturm und der See lag wieder so ruhig da, wie zu Beginn ihrer Überfahrt.

Da wandte sich Jesus an seine Jünger und fragte sie: „Warum habt ihr euch so gefürchtet? Vertraut ihr mir denn nicht?"

Die Freunde blickten einander fassungslos an und flüsterten: „Habt ihr das gesehen? Wer ist unser Jesus bloß? Wenn sogar Wind und Wellen ihm gehorchen …"

Wer gehört dazu?

Welche Personen findest du im Boot wieder?
Mach ein Häkchen ins entsprechende Feld.

Wortsalat

Welche dieser Wörter findest du im Buchstabengitter?

Kreise sie ein.

STURM   WIND   RUHE
REGEN   WELLE   WASSER

W	E	W	R	D	O	K
I	R	A	E	S	T	Ö
N	E	S	G	T	I	N
D	G	S	R	U	H	E
R	E	E	N	R	U	G
N	N	R	I	M	P	E
U	W	E	L	L	E	Q

Begegnung in Simons Haus
Lukas 7,36-48

Simon war ein wichtiger religiöser Führer. Eines Tages lud er Jesus zum Essen ein. Während sie die köstlichen Speisen zu sich nahmen, kam eine Frau ins Zimmer. Sie weinte. Mit gesenktem Kopf kniete sie neben Jesus, wusch mit ihren Tränen seine Füße und trocknete sie mit ihren langen Haaren ab. Dann küsste sie Jesus die Füße und rieb sie mit einem sehr teuren Parfüm ein, das sie mitgebracht hatte.

Simon kannte die Frau. Sie hatte einen schlechten Ruf. Am liebsten hätte Simon sie hinauswerfen lassen.

Jesus wusste, was Simon dachte, und er erzählte ihm folgende Geschichte:

„Ein Geldverleiher lieh einem Mann fünfhundert Silberstücke und einem anderen fünfzig. Keiner von beiden konnte das Geld zurückzahlen. Da schenkte der Geldverleiher den beiden Männern die Silberstücke. Was glaubst du, Simon, welcher der beiden Männer liebte den Geldverleiher mehr?"

Simon musste nicht lange nachdenken. „Bestimmt derjenige, der mehr geschenkt bekommen hat."

„Stimmt", sagte Jesus. „Wem nur wenig vergeben werden muss, der weiß es vielleicht gar nicht zu schätzen. Aber diese Frau hier schämt sich für vieles in ihrem Leben. Sie weiß, dass sie viel Vergebung braucht, und sie weiß Vergebung sehr zu schätzen."

Essbar oder nicht?

Wie viele dieser Dinge sind essbar? Mach ein Häkchen daran.

Wie viele der Gegenstände, die nicht essbar sind, könnten trotzdem auf einem gedeckten Tisch liegen? Kreuze sie an.

Suchen und finden

Hake die fünf Dinge ab, die auch auf dem Bild zu sehen sind.

Wieder lebendig!
Lukas 8,40-56

Eines Tages drängte sich ein Mann durch die große Menschenmenge, die sich um Jesus versammelt hatte. Es war Jaïrus, der rief: „Jesus, bitte hilf mir! Meine Tochter liegt im Sterben! Du musst uns helfen!"

„Ich komme", sagte Jesus. In dem Moment berührte ihn eine alte Frau, die schon viele Jahre krank war, und Jesus heilte sie.

Die Menschen standen so dicht gedrängt, dass Jesus kaum vorwärtskam. Auf dem Weg lief ihnen einer von Jaïrus' Dienern entgegen. „Ihr kommt zu spät", sagte er. „Deine Tochter ist gestorben, Herr."

Jesus sah Jaïrus an und sagte: „Sei nicht traurig! Vertraue mir und sie wird wieder gesund."

Schon von Weitem hörte Jesus Jaïrus' Familie weinen. Es war ein trauriger Anblick.

„Beruhigt euch", sagte Jesus. „Das Kind ist nicht tot, es schläft nur."

Er ging mit Petrus, Johannes und Jakobus ins Haus und sagte zu dem Mädchen:

„Steh auf, mein Kind."

Im selben Moment öffnete das Mädchen die Augen und stand auf. Ein Wunder war geschehen!

Jesus sagte den Eltern, sie sollten ihrer Tochter etwas zu essen geben und gut für sie sorgen.

Jaïrus und seine Frau trauten ihren Augen kaum, doch ihr zwölfjähriges Mädchen war wieder quicklebendig. Und die Nachricht von diesem großartigen Wunder verbreitete sich wie ein Lauffeuer im ganzen Land.

Fünf Brote und zwei Fische
Matthäus 14,13-21

Jesus und seine Freunde hatten einen anstrengenden Tag hinter sich. Viele Tausend Menschen hatten Jesus zugehört. Sie hatten ihre Kranken zu ihm gebracht und er hatte sie geheilt. Alle wollten sie Jesus sehen und mit eigenen Ohren hören, was er von Gott und seiner Liebe zu den Menschen erzählte.

Nun ging allmählich die Sonne unter und noch immer saßen die Leute dicht gedrängt beieinander.

„Wir müssen sie wegschicken, damit sie sich im nächsten Dorf etwas zu essen kaufen können", sagten die Jünger. „Sie haben bestimmt Hunger."

„Gebt ihr ihnen etwas zu essen", antwortete Jesus ruhig.

„Aber woher sollen wir denn Essen nehmen?", fragte ein Jünger entsetzt. „Es sind doch viel zu viele!"

„Ein kleiner Junge hat uns alles gegeben, was er hat: fünf Brote und zwei Fische", sagte Andreas. „Aber das wird niemals reichen!"

Jesus lächelte. Dann nahm er die Brote und Fische und bat seine Freunde, die Menschen in Gruppen von etwa fünfzig Personen einzuteilen. Er sprach ein Dankgebet, brach Fische und Brote in Stücke und reichte sie seinen Jüngern.

Sie teilten das Essen unter den vielen Menschen aus, die davon nahmen und die Reste weiterreichten. Jeder hatte zu essen – und es blieb noch reichlich übrig. Es wurde ein prächtiges Picknick. Am Ende füllten die Jünger sogar noch zwölf Körbe mit den Resten.

„Ich bin das Brot des Lebens", sagte Jesus später. „Wer zu mir kommt, wird niemals hungern, und wer an mich glaubt, braucht keinen Durst zu leiden."

Gut beobachtet

1. Wie viele Brote zählst du?

2. Wie viele Fische siehst du?

3. Welcher Fisch hat eine andere Form als die übrigen?

4. Mach ein Häkchen an den größten Brotlaib und an den größten Fisch.

5. Kreuze den kleinsten Brotlaib und den kleinsten Fisch an.

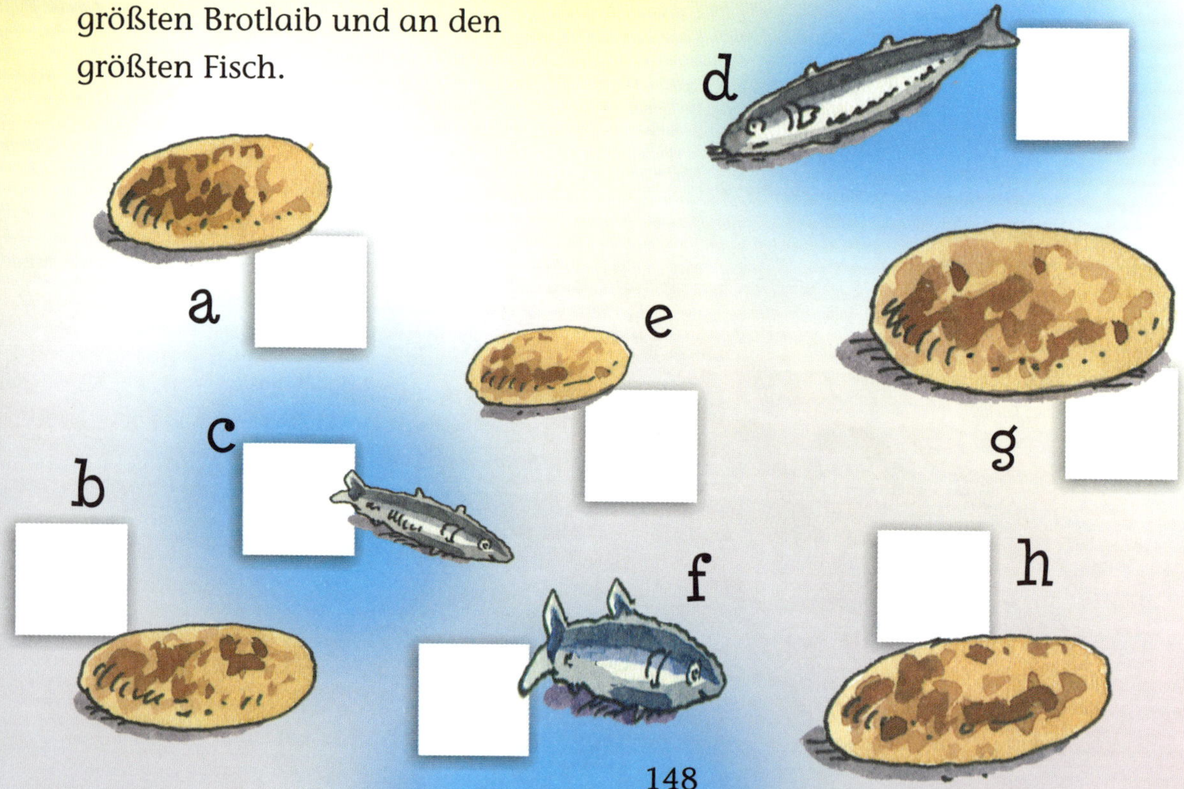

a

b

c

d

e

f

g

h

Machs bunt

Male das Bild farbig aus.

Einer hilft

Lukas 10,25-37

„Gott wünscht sich, dass ihr ihn von ganzem Herzen liebt", sagte Jesus. „Und euren Nächsten sollt ihr genauso lieben wie euch selbst."

„Aber wer ist mein Nächster?", fragte ein Gelehrter.

Da erzählte Jesus die folgende Geschichte:

„Ein Mann ging die einsame Straße von Jerusalem nach Jericho entlang. Da wurde er von Räubern überfallen. Sie nahmen ihm Geld und Kleider weg und verletzten ihn schwer, sodass er halb tot am Straßenrand liegen blieb.

Bald hörte er Schritte. Ein Priester näherte sich.

‚Endlich Hilfe', dachte der Verletzte erleichtert. Doch der Priester ging einfach weiter, als hätte er nichts gesehen.

Kurz darauf kam ein Tempeldiener vorbei. ‚Er wird mir ganz bestimmt helfen', dachte der Überfallene. Doch der Tempeldiener hielt ihn für tot und wollte ihn nicht anfassen. Schnell ging er weiter.

‚Nun muss ich wohl sterben', dachte der Mann. Die Sonne brannte erbarmungslos auf seinen schmerzenden Kopf nieder.

Schließlich kam ein Mann aus Samarien auf seinem Esel angeritten.

Als er den Schwerverletzten bemerkte, hielt er sofort an und lief zu ihm.

‚Was ist passiert?', fragte er voller Mitgefühl. ‚Komm, ich helfe dir.'

Der Samariter gab dem Mann zu trinken, verband seine Wunden und setzte ihn auf seinen Esel. Dann brachte er ihn in ein Gasthaus und gab dem Wirt zwei Silbermünzen, damit er sich um den Kranken kümmerte.

‚Gib ihm alles, was er braucht', sagte der Samariter. ‚Und wenn das Geld nicht reicht, gebe ich dir auf dem Rückweg mehr.'"

Dann fragte Jesus: „Welcher von den dreien hat als guter Mitmensch gehandelt?"

„Der, der Mitleid mit dem Überfallenen hatte", antwortete der Gelehrte.

„Das stimmt", sagte Jesus. „Nimm dir ein Beispiel an ihm."

Eselei

Welcher der fünf Esel sieht genauso aus wie der Esel im gelben Rahmen?
Kreuze ihn an.
Alle anderen unterscheiden sich durch jeweils ein Merkmal. Kreise es ein.

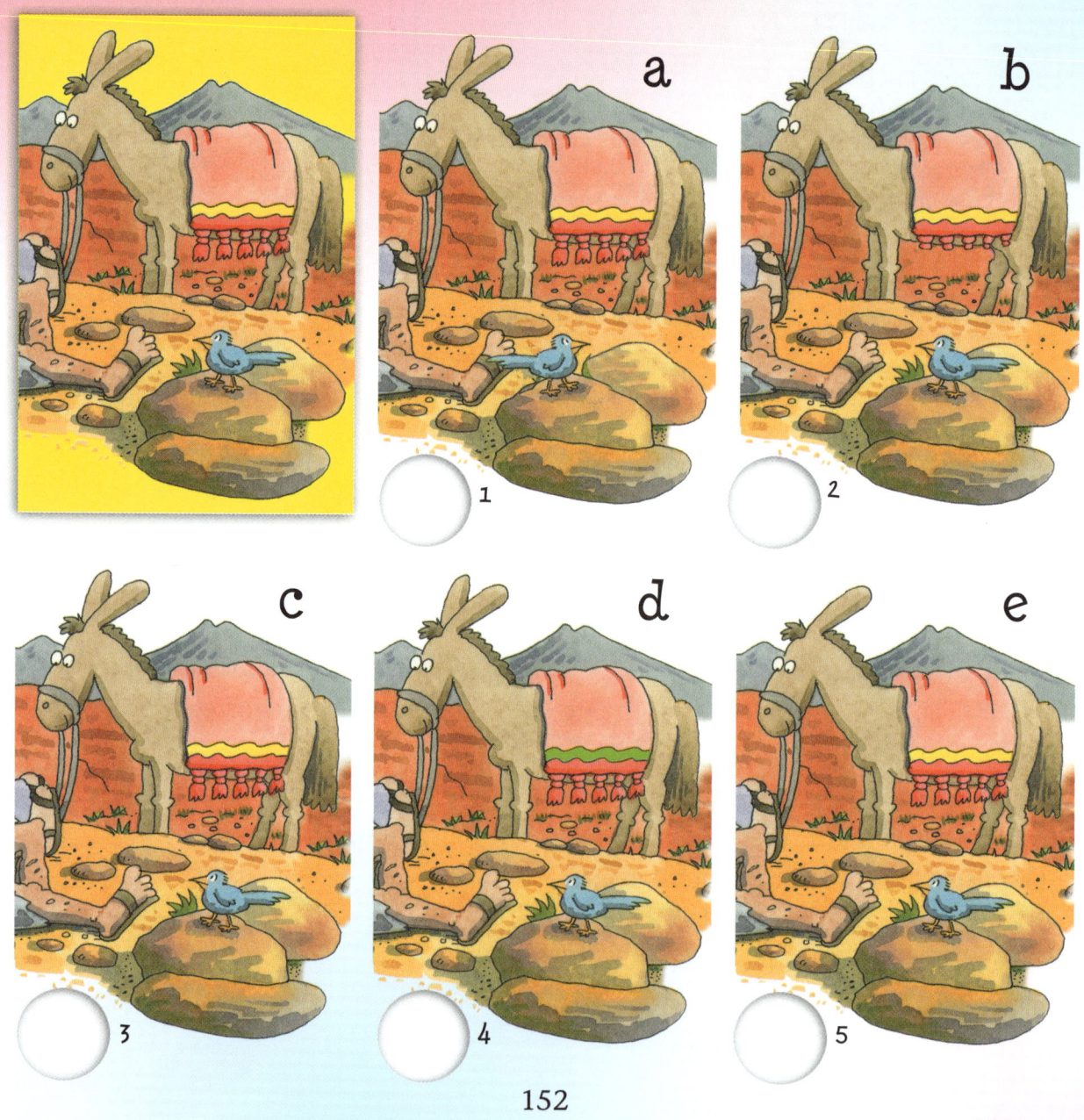

Schreibe das Wort

Esel

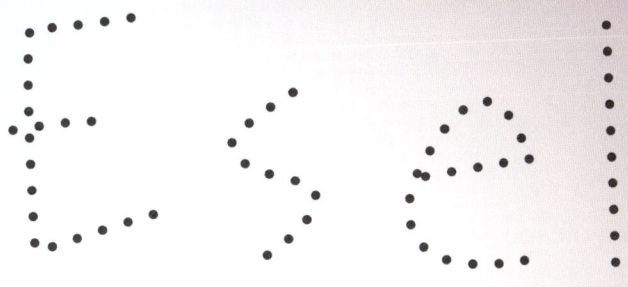

Punkt für Punkt

Wer hat den barmherzigen Samariter beobachtet, als er dem überfallenen Mann half? Verbinde die Punkte und male das Bild an.

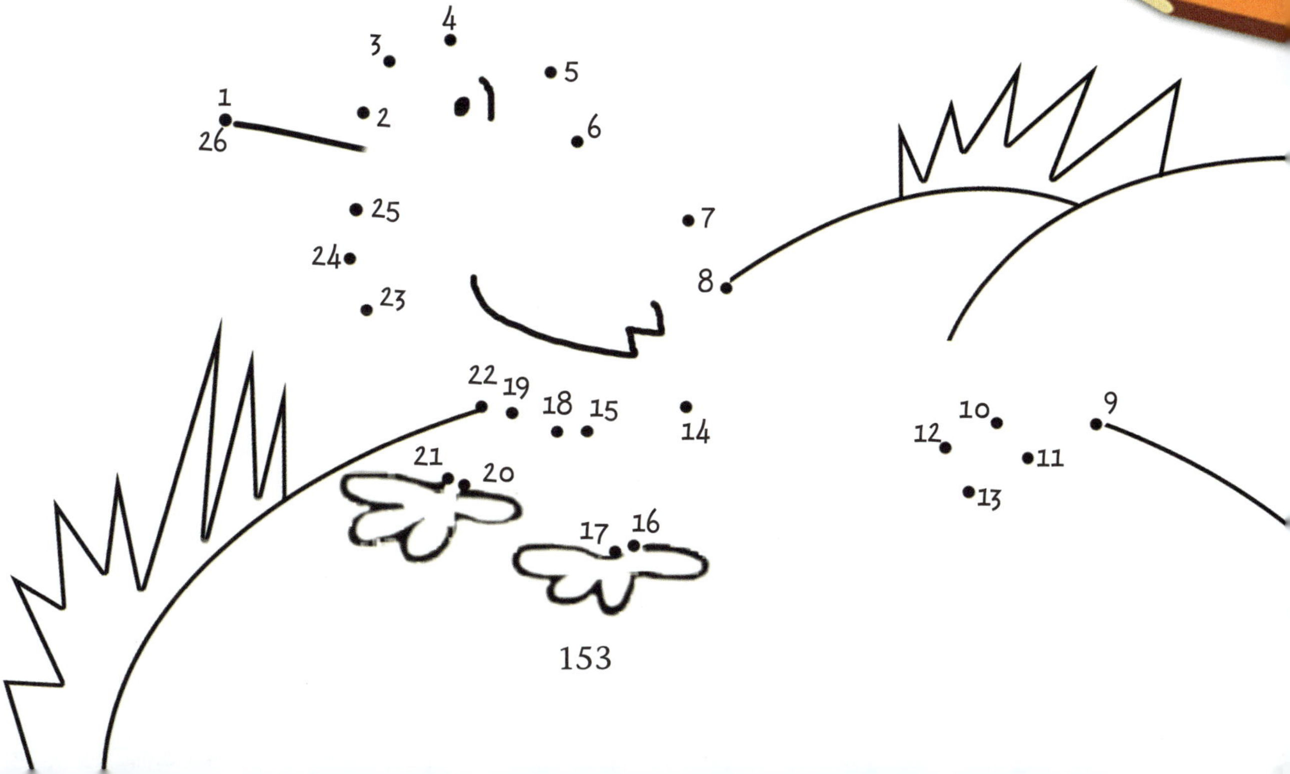

153

Das verlorene Schaf
Lukas 15,3-7

Einmal erzählte Jesus folgende Geschichte:

„Es war einmal ein Hirte, der hatte hundert Schafe. Er kannte sie alle und sorgte gut für sie. Wenn wilde Tiere ihnen zu nahe kamen, verjagte er sie.

Eines Tages stellte der Hirte beim Durchzählen fest, dass ihm ein Schaf fehlte.

Wo mochte es bloß sein?

Der Hirte ließ die anderen neunundneunzig Tiere sicher in der Schafhürde zurück und ging auf die Suche.
Er schaute überall nach: unter Sträuchern, hinter Felsbrocken, in Felsspalten und am Flussufer.

Endlich hörte er ein schwaches ‚Määäh!' Rief da vielleicht sein verlorenes Schaf?

Sofort lief der Hirte der Stimme nach. Und wirklich: Er hatte den kleinen Ausreißer wiedergefunden!

Vorsichtig nahm er sein Schaf auf die Schultern und trug es nach Hause zu den anderen in die Hürde.

Er war so froh, sein Schaf wiederzuhaben, dass er seine

Nachbarn einlud und ein Fest mit ihnen feierte."

Dann erklärte Jesus die Geschichte: „Gott ist so wie dieser Hirte. Er kümmert sich um jeden Menschen und freut sich über jeden, der wieder zu ihm zurückkommt. Und die Engel im Himmel freuen sich mit ihm, wenn sich jemand neu für Gott entscheidet."

Schäfchen zählen

1. Wie viele Schafe sind auf dem Bild?

2. Wie viele Schafsohren zählst du?

3. Wie viele Schafsbeine siehst du?

Labyrinth

Auf welchem Weg kommt der Hirte zu seiner Herde zurück?

Jesus heilt einen Blinden
Lukas 18,35-43

Bartimäus war blind. Tag für Tag saß er am Straßenrand und bettelte. Am Klang der Münzen konnte er erkennen, wie viel die Leute in seine Bettelschale warfen.

Doch eines Tages war es ganz schlimm: Niemand schien seine Schale zu beachten. Es kamen zwar ständig Menschen an ihm vorbei, aber keiner interessierte sich für Bartimäus.

Plötzlich hörte er die Leute aufgeregt rufen: „Seht nur: Da kommt Jesus! Er kann Kranke heilen!"

Bartimäus sprang sofort auf und schrie aus Leibeskräften: „Jesus! Hab Mitleid mit mir!"

„Sei still!", schimpften die Leute.

Aber Jesus blieb stehen und fragte

ihn ganz freundlich: „Was soll ich für dich tun? Was wünschst du dir?"

„Ich möchte so gern sehen können", seufzte Bartimäus.

Da sprach Jesus: „Dann mach deine Augen auf. Du glaubst an mich und vertraust mir. Das hat dich gesund gemacht!"

Und plötzlich wurde es hell um Bartimäus. Er öffnete die Augen und sah, wie bunt und schön die Welt war.

„Gott sei gedankt!", rief er. „Ich kann sehen! Ich kann wirklich sehen! Gott sei gedankt!"

Die Menschen stimmten in seinen Jubel ein und priesen Gott für das große Wunder, das Jesus vor ihren Augen getan hatte.

Finden und zählen

1. Eine dieser vier Personen war nicht dabei, als Bartimäus geheilt wurde (Bild oben). Schreibe den richtigen Buchstaben ins Kästchen.

2. Wie viele Kinder siehst du auf dem Bild?

3. Wie viele Erwachsene zählst du?

4. Wie viele Menschen tragen eine grüne Kopfbedeckung?

5. Wie viele tragen einen pinkfarbenen Gürtel?

Was stimmt hier nicht?

Suche die zehn Fehler, die sich ins untere Bild eingeschlichen haben, und kreise sie ein.

Der Mann auf dem Baum
Lukas 19,1-10

Zachäus war Zolleinnehmer in der Stadt Jericho. Keiner konnte ihn leiden. Er war ein Betrüger und ein Dieb, denn er nahm den Menschen mehr ab, als er durfte.

Eines Tages hörte Zachäus, dass Jesus nach Jericho kommen sollte. Der Zöllner hatte schon viel von Jesus gehört und wollte ihn unbedingt mit eigenen Augen sehen.

Dicht gedrängt standen die Menschen am Wegesrand. Zachäus war sehr klein und konnte unmöglich über sie hinwegsehen. Ihm war klar, dass niemand ihm Platz machen würde.

„Ich klettere auf einen Baum!", dachte Zachäus. „Von da oben sehe ich sofort, wenn Jesus kommt."

Kaum saß der kleine Zöllner auf einem Ast, kam Jesus die Straße entlang. Zachäus beugte sich weit vor. Und dann fiel er fast von seinem Ast, denn Jesus blieb tatsächlich stehen – direkt unter seinem Baum!

„Zachäus, komm schnell herunter!", rief Jesus ihm zu. „Ich will dich besuchen."

Zachäus konnte es kaum glauben. Warum wollte Jesus ausgerechnet mit ihm reden? Sonst redete doch auch keiner mit ihm.

Blitzschnell stieg der kleine Zolleinnehmer vom Baum und lud Jesus zu sich nach Hause ein. Dort blieben sie lange zusammen.

Schließlich sagte Zachäus zu Jesus: „Ich sehe ein, dass ich viel falsch gemacht habe. Ich muss mein Leben wirklich von Grund auf ändern. Das will ich auch tun: Ich verschenke die Hälfte meines Geldes an die Armen und denen, die ich betrogen habe, will ich das Vierfache zurückgeben!"

Zachäus hielt Wort. Und Jesus sagte: „Ich, der Menschensohn, bin gekommen, um die Verlorenen zu retten. Dieser Zolleinnehmer war verloren und ist zu Gott zurückgekehrt."

Vogelperspektive

Der kleine Unterschied

a b c

Welches Bild unterscheidet sich von den beiden anderen?

Farben

Die Leute tragen bunte Kleidung.
Ziehe eine Linie zu

der Frau mit gelbem Kleid

dem Mann mit grüner Kopfbedeckung

dem Mann mit braunem Mantel

dem Mann mit blauem Gürtel

dem Mann mit roter Kopfbedeckung

Jesus in Jerusalem
Matthäus 21,1-11

Das Passafest stand bevor. Die Menschen feierten es jedes Jahr. Es erinnerte sie daran, wie Gott die Israeliten aus der Sklaverei in Ägypten befreit hatte. Viele Menschen kamen zum Fest nach Jerusalem.

Jesus hatte einige Tage mit Marta, Maria und Lazarus in Bethanien verbracht. Nun wollte er mit seinen Jüngern auch nach Jerusalem reisen.

Unterwegs sagte er zu zweien seiner Freunde: „Im nächsten Dorf findet ihr einen Esel. Bindet ihn los und bringt ihn mir. Wenn euch der Besitzer fragt, was ihr mit dem Tier vorhabt, sagt ihm, dass euer Herr es braucht."

Die Jünger taten, was Jesus gesagt

hatte. Sie wollten den Esel gerade losbinden, als der Besitzer kam und fragte: „Was macht ihr da?"

„Unser Herr braucht den Esel", antworteten die beiden Jünger.

Sie brachten das Tier zu Jesus und legten ihre Mäntel als Sattel darauf. Dann ritt Jesus auf dem Esel nach Jerusalem.

Viele Menschen jubelten ihm zu. Sie wedelten mit Palmzweigen und breiteten ihre Mäntel auf der Straße wie einen Teppich vor ihm aus.

„Hosianna!", riefen sie. „Gott segne den versprochenen König! Ehre sei Gott!"

Durcheinander

Bringe die Bildausschnitte in die richtige Reihenfolge von 1 bis 4.

Jesus stirbt am Kreuz
Johannes 13,1-17; Lukas 22,14-22; Johannes 19,1-42

Jesus hatte viele Freunde, aber er hatte auch Feinde. Sie wollten ihn loswerden. Jesus wusste, dass er bald sterben würde. Also aß er noch ein letztes Mal mit seinen engsten Freunden, den Jüngern, zu Abend.

Er wusch ihnen die Füße und machte ihnen damit vor, wie sehr sie sich in Zukunft umeinander kümmern sollten.

Dann nahm Jesus den Weinkrug und reichte ihn an die Freunde weiter. „Nehmt und trinkt!", sagte er.

Danach brach er das Brot, verteilte

es an seine Freunde und sagte: „Dies ist mein Leib, der für euch gebrochen wird. Feiert dieses Abendmahl in Zukunft immer miteinander, um euch an das zu erinnern, was ich euch heute gesagt habe."

Die Jünger begriffen nicht, was Jesus damit meinte. Sie verstanden auch nicht, dass er bald sterben würde.

In dieser Nacht verriet Judas seinen Freund Jesus an seine Feinde. Soldaten nahmen Jesus fest, obwohl er gar nichts verbrochen hatte! Sie schlugen ihn, bespuckten ihn und zogen ihm einen roten Umhang an. Dann setzten sie ihm eine Krone aus Dornen auf den Kopf.

„Die Leute nennen dich König", spotteten sie. „Dann sollst du auch wie ein König aussehen."

Jesus musste ein schweres Kreuz zum Hügel Golgatha hinauftragen. Dann wurde er ans Kreuz genagelt. Zwei Verbrecher wurden links und rechts von ihm gekreuzigt.

Die Mutter und die Freunde von Jesus schauten alles mit an. Hilflos und verzweifelt erlebten sie mit, wie Jesus litt.

Plötzlich wurde es dunkel. Jesus schrie noch einmal zu Gott und starb. Ein Soldat stieß ihm einen Dolch in die Seite, um ganz sicherzugehen …

Nachdem Freunde Jesus vom Kreuz abgenommen hatten, legten sie ihn in eine Grabhöhle. Sie rollten einen schweren Stein vor den Eingang.

Ein schrecklicher Tag ging zu Ende.

Was gehört zusammen?

Verbinde die Helme, die genau gleich aussehen, mit einer Linie.

Lauter Kreuze

Male die Flächen aus, die einen Punkt haben.
Wie viele Kreuze zählst du?

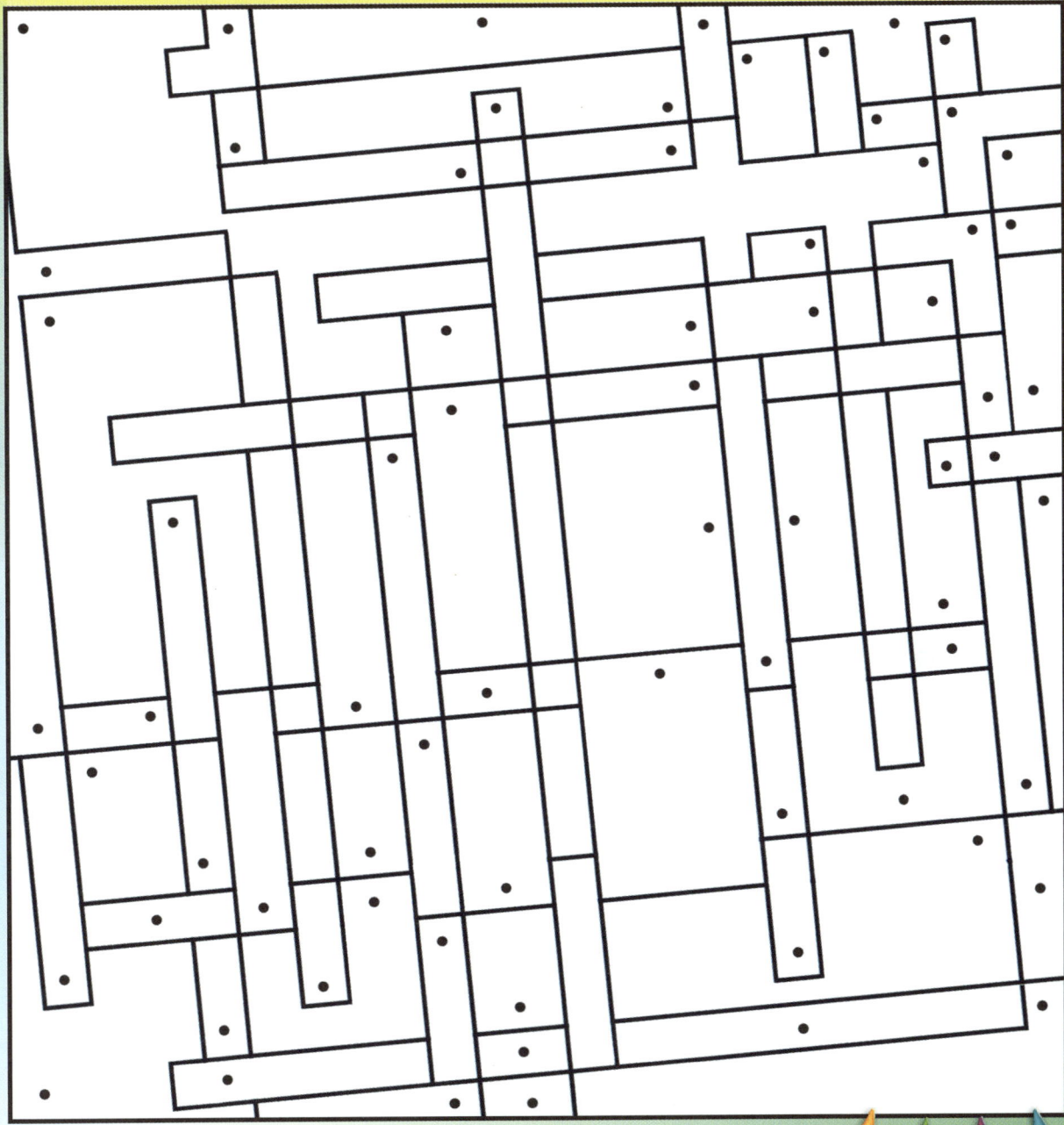

Jesus lebt!
Johannes 20,1-9

Drei Tage waren vergangen, seit Jesus am Kreuz gestorben war.

Die Jünger waren verzweifelt und niedergeschlagen. Ihr Freund und Herr hatte sie verlassen!

Viele andere trauerten auch um Jesus. Darunter war eine Gruppe von Frauen.

Am Sonntagmorgen gingen drei dieser Frauen zur Grabhöhle, in die man Jesus am Freitag gelegt hatte. Sie wollten ihn mit Ölen und Kräutern einbalsamieren. So war es damals üblich.

Doch als die Frauen zum Felsengrab kamen, erschraken sie sehr: Der schwere Stein, mit dem man die Grabhöhle verschlossen hatte, war weggerollt!

Die Frauen bekamen Angst. Sie schauten in die Grabhöhle. Doch sie war leer! Wo konnte Jesus nur sein? Wer hatte ihn weggeholt?

Plötzlich standen zwei Männer in leuchtenden Gewändern vor den Frauen. Zitternd verbeugten sie sich vor den Männern, die ihnen sagten:

„Warum sucht ihr Jesus hier? Er ist doch nicht tot, er lebt! Habt ihr denn ganz vergessen, was er euch vor seinem Tod gesagt hat?"

Die Frauen versuchten sich zu erinnern. Jesus hatte ihnen viel erzählt, was sie nicht begreifen konnten. Ja, er hatte ihnen gesagt, dass er weggehen müsse. Und, tatsächlich, er hatte ihnen auch versprochen, dass er wiederkommen würde. Aber konnte das denn sein?

Aufgeregt liefen die Frauen zu den Jüngern.

„Jesus lebt!", riefen sie den Freunden atemlos zu. „Sein Grab ist leer!"

Die Jünger konnten es nicht glauben. Petrus und Johannes eilten sofort zu dem Felsen. Da sahen sie es mit eigenen Augen: Das Grab war leer! Jesus war weg!

Maria Magdalena blieb noch im Garten bei der Grabstelle. Dort sah sie plötzlich Jesus vor sich. Danach zeigte Jesus sich auch seinen Jüngern und da wussten sie: Jesus lebt!

Lücken füllen

Ergänze die fehlenden Buchstaben. Das sagten die Frauen den Jüngern:

J___s l__t!

Groß und klein

Schreibe ein **G** an den größten Krug und ein **K** an den kleinsten.

Finden und zählen

Sieh dir das Bild unten genau an.
Wie viele von diesen Tieren findest du darauf?

1. Welches Tier taucht am häufigsten auf?

2. Welches am seltensten?

a

b

c

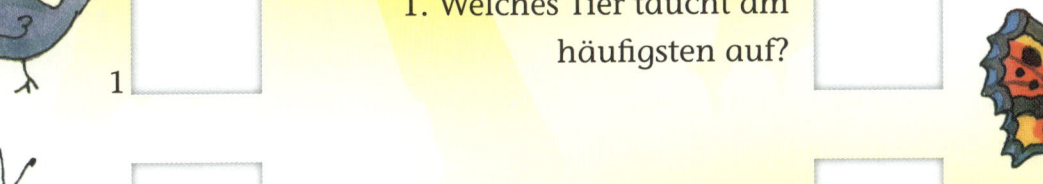

Thomas will Beweise
Johannes 20,19-29

Es war spät am Sonntagabend. Die Jünger saßen in einem Zimmer zusammen und hatten die Türen fest verschlossen. Sie fürchteten, dass man sie verhaften würde, weil sie Freunde von Jesus waren.

Plötzlich stand ein Mann mitten im Raum vor ihnen.

„Friede sei mit euch", sagte er.

Kein Zweifel: Das war Jesus! Die Jünger freuten sich sehr.

Doch einer der Jünger war an diesem Abend nicht dabei: Thomas. Als seine Freunde ihm erzählten, dass Jesus sie

besucht hatte, wollte er es ihnen nicht glauben.

„Aber wir haben ihn doch mit eigenen Augen gesehen!", versicherten sie ihm.

„Wenn ich ihn nicht selbst berühren und seine vernarbten Wunden fühlen kann, glaube ich es nicht", antwortete Thomas.

Eine Woche später saßen die Jünger wieder in dem Haus zusammen. Wie gewohnt hatten sie die Türen sorgsam verriegelt.

Plötzlich stand Jesus mitten im Raum und sagte: „Friede sei mit euch!"

Dann wandte er sich direkt an Thomas und forderte ihn auf: „Sieh dir meine Hände und Füße an. Erkennst du die Wundmale daran? Zweifle nicht länger, Thomas. Du kannst mir glauben."

Da rief Thomas: „Mein Herr und mein Gott!"

Doch Jesus antwortete: „Du glaubst mir, weil du mich gesehen hast. Wie glücklich können sich aber erst die Menschen schätzen, die mich nicht sehen und trotzdem an mich glauben!"

Da stimmt was nicht

Alle drei Bilder außerhalb unterscheiden sich vom Bild in der gelben Fläche. Kreise die Unterschiede ein.

Hände her!

Welche Hände gehören wohin? Schreibe die richtigen Zahlen in die weißen Kreise.

Frühstück am Strand
Johannes 21,1-14

Eines Tages begegnete Jesus seinen Jüngern schon am frühen Morgen. Das kam so:

Petrus wollte fischen gehen. „Ich fahre jetzt auf den See hinaus", sagte er zu seinen Freunden. „Will jemand mit?"

Sechs der Jünger wollten auch wieder ihrem Beruf nachgehen und so schoben sie ihr Boot auf den See Genezareth hinaus. Es war noch vor Sonnenaufgang, als sie das Netz auswarfen und auf einen guten Fang warteten. Doch kein einziger Fisch ließ sich blicken.

Da schaute Petrus ans Ufer und entdeckte eine Gestalt. Er konnte nicht erkennen, wer es war, doch er hörte jemanden rufen:

„Werft euer Netz auf der anderen Seite aus. Dann werden euch jede Menge Fische ins Netz gehen."

Die Jünger verstanden zwar nicht, was das sollte, aber sie versuchten es.

Kaum hatten sie das Netz auf der anderen Seite des Bootes ausgeworfen, da war es tatsächlich bis zum Bersten mit Fischen gefüllt.

Die Männer wunderten sich sehr.

Doch plötzlich sagte einer von ihnen: „Das ist Jesus! Es kann gar nicht anders sein."

Und wirklich: Als sie zum Ufer zurückkehrten, hatte Jesus ein Feuer gemacht und erwartete sie.

„Bringt ein paar Fische her", sagte er. Dann briet er die Fische über dem offenen Feuer und lud die Jünger ein: „Kommt und esst!"

Wie glücklich waren die Jünger, Jesus wiederzusehen!

Da fehlt doch was!

Diese Teile fehlen im unteren Bild. Welches gehört wohin? Schreibe die richtigen Buchstaben in die weißen Felder.

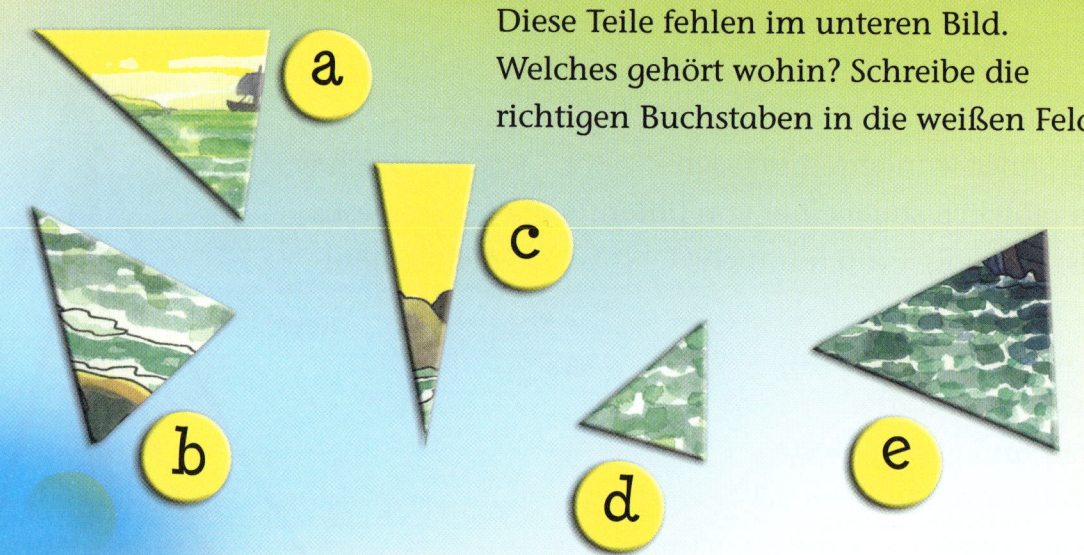

Wortsalat

Finde die sechs Wörter im Buchstabengitter und kreise sie ein.

W	E	W	R	D	O	S
F	I	S	C	H	F	T
E	C	E	Q	B	X	R
U	B	E	Y	O	J	A
E	D	K	H	O	L	N
R	F	U	L	T	M	D
H	P	V	O	G	E	L

Vogelflug

Wie viele Möwen findest du im Bild?

Himmelfahrt
Apostelgeschichte 1,1-14

Nachdem Jesus von den Toten auferstanden war, blieb er vierzig Tage lang bei seinen Jüngern.

Oft aß und trank er mit seinen Freunden und sie sprachen viel über Gottes neues Reich.

Bei jedem Treffen erklärte Jesus seinen Freunden, was sie in Zukunft tun sollten.

„Geht nicht aus Jerusalem fort", sagte Jesus. „Wartet, bis ich euch eines Tages einen besonderen Helfer schicken werde, den Heiligen Geist. Der wird euch Kraft geben, damit ihr allen Menschen von mir erzählen könnt. Jeder auf der Welt soll von mir erfahren. Ihr werdet überall von meinem Tod und von meiner Auferstehung berichten."

Die Jünger hatten viele Fragen an Jesus. Sie wollten wissen, wann denn das alles geschehen würde.

„Macht euch keine Gedanken über das Wann und Wie", sagte Jesus. „Ihr braucht nicht zu wissen, zu welchem Zeitpunkt genau Gott sein neues Reich bauen wird."

Danach wurde Jesus in eine Wolke gehüllt und in den Himmel emporgehoben. Plötzlich standen zwei weiß gekleidete Männer bei den Jüngern.

„Warum schaut ihr so traurig in den Himmel?", fragten sie. „Jesus, der

vor euren Augen zu seinem Vater im Himmel zurückgekehrt ist, wird eines Tages wieder auf die Erde kommen."

Von den Worten der Engel getröstet gingen die Jünger zurück nach Jerusalem. Dort warteten sie darauf, dass Jesus ihnen den Heiligen Geist schicken würde.

Sie hielten fest zusammen und waren einander sehr vertraut. Es waren Petrus, Johannes, Jakobus, Andreas, Philippus, Thomas, Bartholomäus, Matthäus, Jakobus, Simon und Judas.

Später wählten sie noch Matthias in ihre Gruppe. Er kam für Judas.

Maria, die Mutter von Jesus, und andere Frauen, die Jesus gern hatten, gehörten außerdem in diesen Kreis. Insgesamt kamen zu dieser Zeit etwa hundertzwanzig Menschen zusammen, die fest auf Jesus vertrauten und um den Heiligen Geist beteten.

Labyrinth

Zeige der Gruppe den Weg nach Jerusalem.

Himmelfahrt

Finde die acht Fehler im unteren Bild und kreise sie ein.

Gute Nachricht
Apostelgeschichte 2,1-47

Wieder einmal saßen die Freunde von Jesus zusammen, um zu beten.

Plötzlich hörten sie ein Geräusch, das wie ein säuselnder Wind klang. Es füllte den ganzen Raum. Dann züngelten kleine Flammen über den Köpfen der Freunde und alle wurden vom Heiligen Geist erfüllt.

Endlich war geschehen, was Jesus versprochen hatte!

Die Jünger eilten nach draußen und erzählten den vielen Menschen, die aus aller Herren Länder zu Pfingsten nach Jerusalem gekommen waren, von Jesus. Und wieder geschah ein Wunder:

Alle verstanden genau, was die Jünger sagten, denn jeder hörte sie in seiner eigenen Sprache reden.

Petrus erzählte der Menge, welche Wunder Jesus getan hatte. Er erzählte auch, dass Jesus von den Toten auferstanden und zu seinem Vater in den Himmel zurückgekehrt war.

„Ändert euer Leben!", rief Petrus den Menschen zu. „Glaubt an Jesus und lasst euch taufen. Dann werden euch alle eure Sünden vergeben und ihr werdet den Heiligen Geist bekommen!"

Rund dreitausend Menschen ließen sich an diesem Tag taufen und gehörten nun zur Gemeinde der Gläubigen.

Sie alle wollten nun anderen von Jesus und Gottes Liebe zu den Menschen erzählen. Manche reisten dazu in ferne Länder. Viele mussten große Gefahren überstehen und manche kamen nicht mehr zurück.

Doch sie alle waren vom festen Glauben an Jesus erfüllt und wollten ihre Liebe zu Gott mit der ganzen Welt teilen. Jeder sollte von Gottes Reich bei den Menschen erfahren.

Buchstabensuche

Ergänze die fehlenden Buchstaben, dann weißt du, was die Jünger den Leuten sagten:

W_r h_b__ g_t_ Na__r__h_.

Was stimmt hier nicht?

Suche die acht Fehler, die sich ins untere Bild eingeschlichen haben, und kreise sie ein.

Farben

1. Wie viele Leute tragen gelbe Kleidung?

2. Wie viele Leute tragen etwas Blaues?

3. Wie viele Leute tragen etwas in Grün?

Kunterbunte Menschenmenge

Wo findest du dieselbe Farbe wieder? Ziehe eine Linie von der Farbfläche zum Bild.

rot   blau   orange   grün   gelb

Ein Gelähmter wird gesund
Apostelgeschichte 2,1-12; 3,1-10

Jesus war gestorben. Und Gott hatte ihn von den Toten zu ewigem Leben auferweckt. Ein unvorstellbares Wunder!

Als der Heilige Geist zu Pfingsten über die Menschen ausgegossen wurde, wollten alle Freunde von Jesus die gute Nachricht von Gottes Liebe zu den Menschen weitererzählen.

„Sagt Gott, wie leid es euch tut, dass ihr Böses getan habt", rief Petrus einer Menschenmenge zu. „Bei Jesus ist jeder willkommen, der Gottes Kind sein will."

Bald nannten sich die Nachfolger von Jesus Christen. Sie teilten alles miteinander, was sie besaßen.

Tag für Tag kamen mehr Christen hinzu. Sie konnten Kranke heilen, so wie Jesus es getan hatte.

Eines Tages trafen Petrus und Johannes einen Bettler, der vor dem Tempeltor saß. Er war gelähmt und deshalb auf Spenden angewiesen.

„Wir haben zwar kein Geld", sagte Petrus. „Aber Jesus hat uns mit dem Heiligen Geist die Kraft gegeben, dich gesund zu machen. Steh auf!"

Da stand der Mann auf und konnte gehen!

„Gott ist groß!", rief er den Leuten zu. „Ich kann gehen! Es ist unglaublich, aber ich kann wirklich gehen! Seht doch nur!"

Menschenmengen

☐ 1. In welcher Menge findest du die meisten Wanderstäbe?

☐ 2. Welche hat die meisten Kinder?

☐ 3. In welcher Menge findest du eine Frau, die einen Krug auf dem Kopf trägt?

☐ 4. In welcher gibt es einen Hund?

☐ 5. In welcher gibt es eine Schlange und ein Kaninchen?

☐ 6. Welches ist die größte Menschenmenge?

Körperlos

Male den beiden Männern neue Körper.

Aus Saulus wird Paulus
Apostelgeschichte 9,1-25

Saulus konnte die Christen nicht leiden. Er tat alles, um ihnen das Leben schwer zu machen und sie hinter Gitter zu bringen.

Eines Tages war er auf dem Weg nach Damaskus. Da blendete ihn plötzlich ein gleißend helles Licht.

„Saulus, Saulus", rief eine Stimme. „Warum verfolgst du mich?"

„Wer bist du?", fragte Saulus entsetzt.

„Ich bin Jesus, den du verfolgst. Was du meinen Freunden antust, das tust du mir an. Aber ich habe einen Auftrag für dich. Geh in die Stadt, dort erfährst du mehr."

Saulus war von dem Licht so geblendet, dass er nichts mehr sehen konnte und sich von seinen Begleitern nach Damaskus führen lassen musste. Dort brachten sie ihn zu Ananias.

„Jesus hat dich zu mir geschickt, damit ich dich heile", sagte Ananias.

Von dem Augenblick an änderte sich Saulus' Leben komplett. Er spürte den Heiligen Geist und ließ sich taufen. Und er änderte seinen Namen. Nun hieß er Paulus.

Doch die Feinde der Christen hörten, was geschehen war. Sie wollten Paulus töten. Aber mit der Hilfe von Freunden konnte er entkommen: Sie seilten ihn heimlich in einem Korb von der Stadtmauer ab.

Fehlersuche   Buchstabensalat

Kreise die drei Fehler in diesem Bild ein.

Finde diese vier Wörter und kreise sie ein:

Korb Seil Mauer Paulus

A U L E N
B U B I S
O K O R B
T S E I L
U P A R K
L A S T E
T U B E N
M L A U S
R U B E L
A S T E R
M A U E R
K I N D O

Was gehört wohin?

Ordne Zahlen und Buchstaben einander richtig zu.
A, B, C, D oder E.

1 ☐   2 ☐   3 ☐   4 ☐   5 ☐

Finden und zählen

Im Bild sind acht …   M _ _ _ _ _ _ _

Im Bild ist ein …   K _ _ _

Es gibt drei …   F _ _ _ _ _ _

201

Philippus und der Finanzminister

Apostelgeschichte 8,26-39

Philippus war einer der treuesten Nachfolger von Jesus.

Eines Tages sagte ein Engel zu ihm: „Geh nach Gaza." Philippus gehorchte. Auf dem Weg begegnete ihm eine kostbar ausgestattete Pferdekutsche. Darin saß ein einflussreicher Äthiopier, der aus den Heiligen Schriften las.

„Verstehst du, was du liest?", fragte Philippus.

„Erkläre mir, was Jesaja hier schreibt", bat ihn der äthiopische Finanzminister.

„Dieser Text handelt von Jesus, der am Kreuz gestorben und wieder auferstanden ist", sagte Philippus. Und er erzählte dem Fremden alles über Jesus, Gottes neues Reich, die Taufe und den Heiligen Geist.

Stundenlang hörte der Äthiopier

zu, bis er schließlich sagte: „Dort ist Wasser. Warum warten wir noch? Ich will mich jetzt gleich taufen lassen und Christ werden."

Der Wagen hielt und Philippus taufte den Äthiopier im Fluss. Danach setzte der Minister seine Reise fort und erzählte den Menschen in seinem Heimatland von Jesus und der ungewöhnlichen Begegnung mit Philippus.

Geh nach Gaza!

Finde den Weg zu dem Äthiopier in seiner Kutsche.

Start

Petrus trifft Cornelius
Apostelgeschichte 10,1-48

Cornelius war ein römischer Hauptmann und er liebte Gott. Eines Tages kam ein Engel zu ihm und sagte: „Gott weiß, wie sehr du ihn liebst. Er will, dass du Petrus in Joppe triffst."

Da schickte Cornelius seine Soldaten zu Petrus, um ihn zu holen.

Zur gleichen Zeit hatte Petrus ein besonderes Erlebnis. Er war bei einem Freund zu Besuch und stand auf dem Dach des Hauses. Es war schon Mittagszeit und Petrus hatte großen Hunger. Da sah er ein großes Leinentuch mit vielen Speisen vom Himmel herabkommen, die Juden nicht essen durften, weil sie als unrein galten.

„Nimm und iss!", hörte er eine Stimme sagen.

„Aber das sind verbotene Speisen!", erwiderte Petrus.

„Widersprich Gott nicht!", forderte die Stimme. „Wenn er sagt, dass etwas rein ist, dann ist es auch rein."

Während Petrus noch nachdachte, klopfte es an der Tür.

„Hauptmann Cornelius bittet dich, in sein Haus zu kommen", sagten die Soldaten.

Da verstand Petrus, was Gott ihm sagen wollte: Er sollte zu Cornelius gehen, obwohl Nichtjuden als unrein galten und Juden keine Gemeinschaft mit ihnen haben durften.

Petrus folgte den Soldaten und erzählte Cornelius von Jesus. Cornelius wurde mit seiner ganzen Familie von Petrus getauft.

Kampfausrüstung

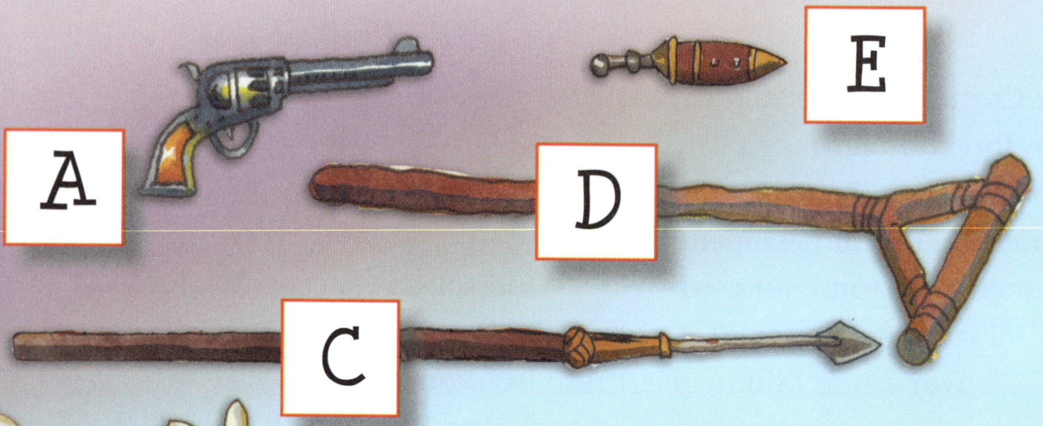

A, B, C, D, E, F

Welche drei Dinge gehörten zur Kampfausrüstung eines römischen Soldaten? Schreibe die richtigen Buchstaben in die Kästchen.

Buchstabensalat

Wie viele Tiere haben sich in diesem Buchstabensalat versteckt? Schreibe die Zahl ins Kästchen.

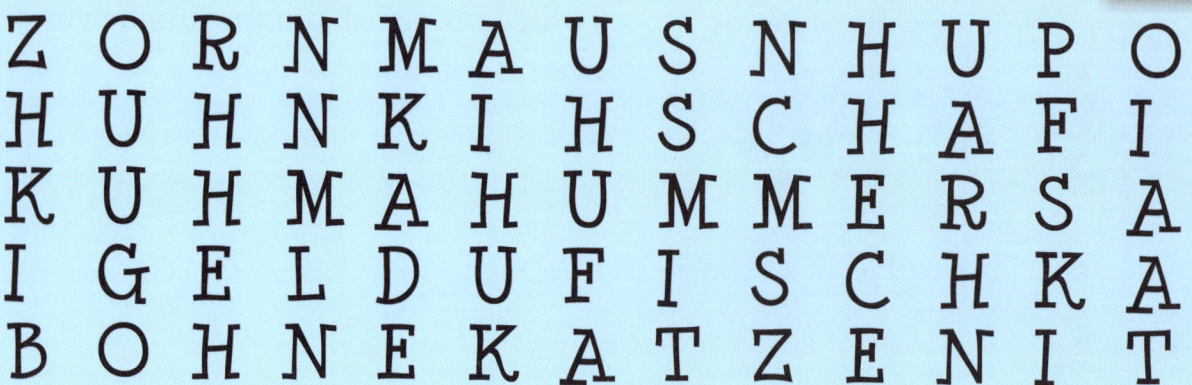

Z O R N M A U S N H U P O
H U H N K I H S C H A F I
K U H M A H U M M E R S A
I G E L D U F I S C H K A
B O H N E K A T Z E N I T

Hundebild

Male den Hund ins rechte Gitter.

Hier stimmt was nicht

Jeder römische Soldat trägt einen Gegenstand, der nicht in seine Zeit passt. Kreise die Fehler ein.

Flucht aus dem Gefängnis
Apostelgeschichte 12,6-19

Die ersten Christen erzählten immer und überall von Jesus und seiner guten Nachricht. Doch das war sehr gefährlich.

Auch Petrus kam wegen seines Glaubens ins Gefängnis. König Herodes wollte ihn in aller Öffentlichkeit verurteilen, als abschreckendes Beispiel für andere Christen. Er ließ Petrus besonders streng bewachen und in extraschwere Ketten legen.

Seine Freunde sorgten sich sehr um Petrus. Sie baten Gott um Rettung.

In der Nacht schickte Gott einen Engel ins Gefängnis.

„Wach auf", sagte der Engel zu Petrus. „Zieh deine Sandalen an und nimm deinen Mantel. Schnell!"

Petrus sah, wie die Ketten von ihm abfielen und alle Türen aufsprangen. Die Wachsoldaten aber schliefen tief

und fest. Eilig führte der Engel Petrus aus dem Gefängnis in die Freiheit.

Kurz darauf stand Petrus vor der Tür seiner Freunde. Er war gerettet! Gott hatte ihre Gebete erhört und darüber freuten sich alle sehr.

Tippfehler

In jeder Zeile findest du einen Tippfehler. Kreise die sechs Fehler ein.

Auch Petrus kam wägen seines Glaubens ins Gefänknis. König Herodes wollte ihn in aller Öffentlichkeit veruhrteilen, als abschreggendes Beispiel für andere Christen. Er ließ Petrus besonders sdreng bewachen und in ekstraschwere Ketten legen.

Hier stimmt was nicht

Der Maler des zweiten Bildes hat sechs Fehler gemacht.

Zeichne eine Linie vom Fehler zu einer Zahl.

Wie war das noch?

Wer kam ins Gefängnis?

1 P __ __ __ __ __

Wen schickte Gott zu ihm?

2 E __ __ __ __

Der König hieß?

3 H __ __ __ __ __ __

Womit war Petrus gefesselt?

4 K __ __ __ __ __

Wer betete für Petrus?

5 F __ __ __ __ __ __

① ② ③ ④ ⑤ ⑥

Schiffbruch
Apostelgeschichte 27,1-44; 28,1-31

Paulus machte weite Reisen und taufte viele neue Christen. Dafür wurde er oft geschlagen und verhaftet.

Als Gefangener sollte er zu einem Prozess nach Rom gebracht werden. Dafür musste er mit dem Schiff fahren. Unterwegs kam heftiger Sturm auf und das Schiff kenterte. Gefangene und Schiffsbesatzung landeten als Schiffbrüchige auf der Insel Malta. Dort blieben sie drei Monate lang und Paulus nutzte die Zeit, um von Jesus zu erzählen und Kranke zu heilen.

In Rom wurde Paulus unter Hausarrest gestellt. So hatte er viel Zeit, Briefe an die verschiedenen Christengemeinden zu schicken, die er auf seinen Reisen gegründet hatte. Er ermutigte sie und gab ihnen viele hilfreiche Hinweise für ein gutes Zusammenleben. Auch die Jünger hatten ihren Auftrag erfüllt: Auf der ganzen Welt wurden Gemeinden gegründet und immer mehr Menschen ließen sich taufen.

Durcheinander

Bringe die Bildausschnitte in die richtige Reihenfolge (1–5).

Weißt du's?

1. Wohin segelte Paulus?

R __ __

2. Auf welcher Insel landeten die Schiffbrüchigen?

M __ __ __ __

Alles wird neu
Offenbarung

Die Christen wurden weiterhin verfolgt. Johannes verbannte man auf die Insel Patmos. Eines Tages hörte er eine Stimme sagen: „Schreibe auf, was ich dir sage und zeige, und schicke es an alle Gemeinden!"

Johannes fiel auf die Knie und hörte gut zu.

„Ich bin der Anfang und das Ende", sagte Jesus. „Ich war tot, aber ich bin auferstanden und werde ewig leben."

Und dann sah Johannes einen neuen Himmel und eine neue Erde. Er sah die Stadt Gottes vom Himmel herabkommen und hörte eine gewaltige Stimme sagen: „Hier wird Gott mitten unter den Menschen sein. Er wird alle ihre Tränen trocknen und der Tod wird keine Macht mehr haben. Leid, Angst und Schmerzen wird es nie mehr geben. Siehe, ich werde alles neu schaffen!"

Ausgeschlossen

Bringe die Buchstaben in die richtige Reihenfolge. Dann weißt du, was es in Gottes neuer Welt nicht mehr geben wird:

1. NÄNETR
2. DIEL
3. SANGT
4. ODT
5. CHESMZRNE

Puzzle

Füge die Bildausschnitte wieder zu einem ganzen Bild zusammen.
Schreibe die Buchstaben ins passende Feld.

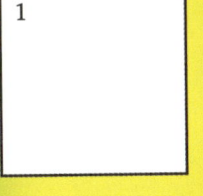

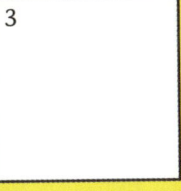

Lösungen der Rätsel aus dem Neuen Testament

Seite 104/105

Es sind 5 Mäuse auf dem Bild

a 4; b 2; c 3; d 1

Seite 108

```
F R E U D E W
W L S K I C I
B G V Ö H G N
N R D N K J D
F K R I P P E
J A N G S T L
P L D A E X Q
```

Seite 109

Es sind 6 Ziegen.

Seite 112

Seite 113

Seite 116

Kreise: 4 und 6

Quadrate: 2 und 3

Dreiecke: 1 und 5

Seite 117

1: 3; 2: 2; 3: 4; 4: 9

Seite 120

Seite 121

Seite 124

Seil 4 ist noch an der Trage fest.

Seite 125

Seite 128

1 falsch; 2 falsch;
3 falsch; 4 richtig.

Seite 129

Seite 132

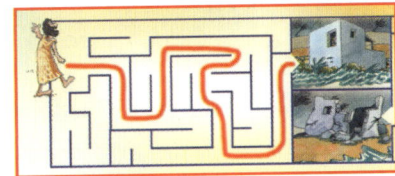

Seite 133

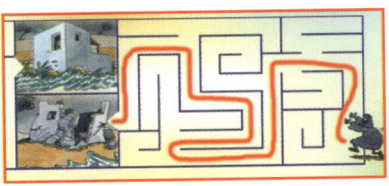

Seite 136

a, d, e, f.

Seite 137

Seite 140

Seite 141

Seite 148

1: 5; 2: 3; 3 f.

Seite 156

1: 11; 2: 20; 3: 9.

Seite 157

Seite 144

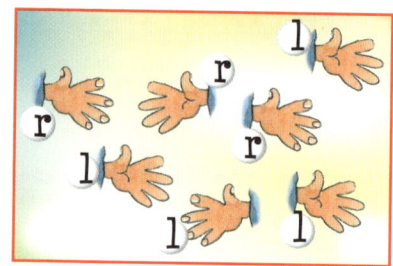

Seite 152

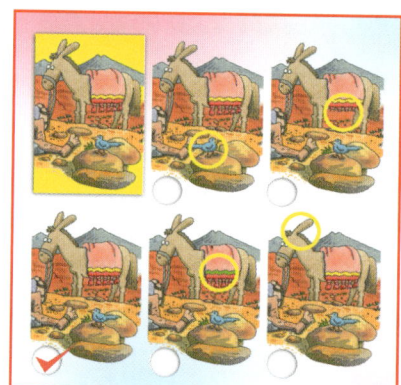

Seite 160

1: b; 2: 2; 3: 17; 4: 5; 5: 1.

Seite 144/145

Seite 153

Esel

Seite 161

Seite 164

Seite 169

Seite 176

Jesus lebt!

Der größte Krug: b;

der kleinste Krug: c

Seite 177

1: 4; 2: 1; 3: 5

1 Libelle; 2 Schmetterling

Seite 165

a passt nicht

Seite 172

Seite 173

Es bleiben 3 Kreuze weiß.

Seite 180

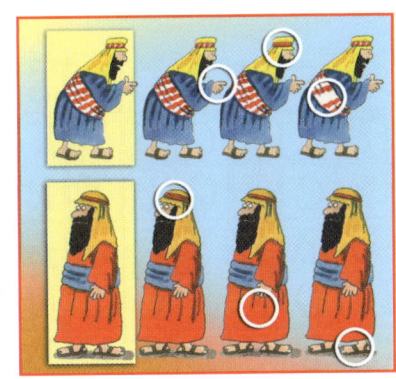

Seite 168

Seite 181

Seite 184

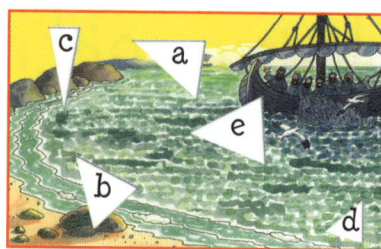

Seite 185

Seite 188

Seite 189

Seite 192

Wir haben gute Nachricht.

Seite 193

1: 4; 2: 6; 3: 7.

Seite 196

1: C; 2: B; 3: C; 4: A; 5: A; 6: A.

Seite 200

```
A   U   L   E   N
B   U   B   I   S
O  (K   O   R   B)
T  (S   E   I   L)
U  (P   A   R   K
L   A   S   T   E
T   U   B   E   N
M   L   A   U   S
R   U   B   E   L
A   S) T   E   R
   (M   A   U   E   R)
K   I   N   D   O
```

Seite 201

1: acht Menschen,

2: ein Korb, 3: drei Fenster

Seite 204/205

Seite 217

1. Rom; 2. Malta

Seite 208

Zu einer römischen Kampfausrüstung gehören: C, E und F.

Im Buchstabensalat haben sich neun Tiere versteckt:

```
Z O R N M A U S N H U P O
H U H N K I H S C H A F I
K U H M A H U M M E R S A
I G E L D U F I S C H K A
B O H N E K A T Z E N I T
```

Seite 209

Seite 212

So ist es richtig:

wegen, Gefängnis, verurteilen, abschreckendes, streng, extraschwere

Seite 213

1: Petrus; 2: Engel;
3: Herodes; 4: Ketten;
5: Freunde

Seite 220

1 Tränen, 2 Leid, 3 Angst,
4 Tod, 5 Schmerzen

Seite 221

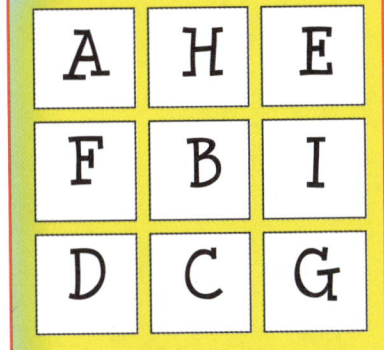

Titel der englischen Originalausgabe:
All Year Round Activity Bible
© 2015 Anno Domini Publishing, Book House, Orchard Mews,
18 High Street, Tring, Herts HP23 5AH, England
www.ad-publishing.com
© Text: 2015 Sally Ann Wright
© Illustrationen: 2008, 2011, 2015 Graham Round
© Rätsel: 2015 Krystyna Kowalska Hewitt, Doug Hewitt, Gerald Rogers

Ins Deutsche übertragen von Dr. Maria Zettner und
Irmtraut Fröse-Schreer

Deutsche Ausgabe:
© 2015 Brunnen Verlag
www.brunnen-verlag.de
Satz: DTP Brunnen
ISBN 978-3-7655-6987-6
Gedruckt in China